새 하 늘 이 야 기

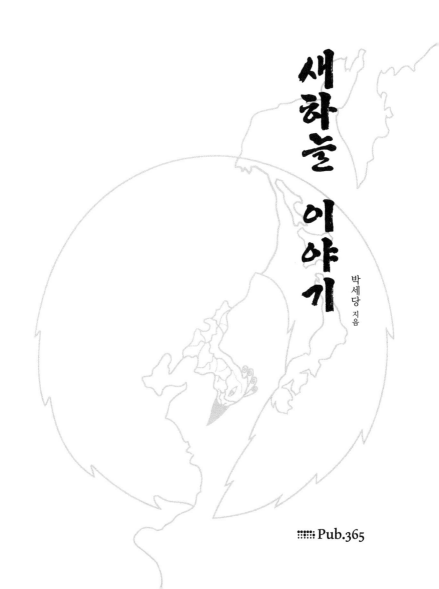

새하늘 이야기

박세당 지음

::::: Pub.365

목차

Epilogue

Prequels

이 책이 나오기 전부터 일어난 일들

이상한 이야기 하나

팥죽 할머니 이야기 : 정의(正義)가 강물처럼 흐르는 시대의 개막(開幕)

어렸을 때 할머니 무릎에 누워 "할무이 할무이 옛날 이바구 한 개 해도~"하면 할머니가 해주시던 이야기는 항상 같은 줄거리였다.

"옛날 어떤 곳에 팥죽을 파는 할머니가 살고 있었는데, 하루는 호랑이가 찾아와서 "팥죽 한 그릇 주면 안 잡아먹지!"라고 해서 팥죽 한 그릇을 주니, 냉큼 먹고 나서 또 한 그릇을 더 달라고 해서 주었더니 또 한 그릇을 더 청하고 그런 식으로 팥죽을 다 받아먹고는, 어느덧 팥죽이 다 떨어지자, "할머니, 너를 잡아먹겠다."라고 본색을 드러낸다. 할머니의 기지로 그날은 용케 넘겼으나 호랑이는 기약한 그 날에 다시 돌아올 것이다. 절망한 할머니가 할 수 있는 것은 오직 절망의 표현, 슬피 우는 것뿐이다.

이렇게 울고 있는데 난데없이 파리가 날아와서 "할머니 할머니 왜 울어" 하고 물었다. 할머니는 "호랑이가 오늘 저녁에 와서 날 잡아먹는다고 해서 슬퍼서 운다"고 했다. 파리는 "팥죽 한 그릇 주면 말려 주~지" 한다. 그래서 팥죽 한 그릇을 주니까 파리는 팥죽을 다 먹고 천장에 가 날아 붙는다. 할머니가 또 울고 있으니까 이번에는 커다란 집게발을 가진 게가 와서 "할머니 할머니 왜 울어" 하면서 또 팥죽을 얻어먹더니, 우물 옆에 있는 작은 웅덩이에 들어가고, 잠시 후 칼 송곳, 홍두깨, 지게, 작대기와 거적들이 차례로 어디선가 와서 아까와 마찬가지로 각자 어디선가 자리를 잡는다.

그리고 드디어 호랑이는 할머니를 잡아먹으러 오는 것이다. 할머니는 그래도 호랑이에게 팥죽 한 그릇을 내놓는데, 호랑이는 팥죽을 먹으면서도 이 할마이를 언제 잡아먹을까? 그 생각뿐이다.

순간 파리가 먼저 움직여 호롱불을 껐다. 호랑이는 실수로 팥죽을 얼굴에 끼었고 호랑이는 눈을 뒤덮은 팥죽을 씻으려 더듬거리며 우물로 가다가 옆에 있던 웅덩이를 느껴 다짜고짜 얼굴을 쑥 들이민 순간, 커다란 집게가 하필 제일 예민한 콧잔등을 힘껏 물고 비틀어버린다. 크르릉~ 호랑이는 고통에 몸부림치며 한 길을 튀어 올랐지만, 허공에 뜬 호랑이를 기다리는 것은 시퍼렇게 날이 서 있는 칼 송곳이었다. 푸욱하고 몸에 송곳이 꽂혀 들어가는 것을 마지막으로 의식이 흐릿해진 호랑이를 기다리는 것은 바로 홍두깨였고 정신을 잃은 호랑이를 사정없이 두들겨 기어이 숨통을 끊어 놓는다. 죽은 호랑이는 또 멍석과 지게 작대기가 둘둘 말아 어디론가 지고 가버린다."

이야기는 언뜻 이렇게 할머니는 파리, 게, 송곳, 홍두깨, 지겟작대기들이 모두 도와서, 나쁜 호랑이를 물리치고는 할머니는 목숨을 건져 여생을 행복하게 잘 살았다는 어쩌면 평범한 설화에 불과할 수도 있었다.

그런데 어릴 적 할머니에게 이 얘기를 들을 때마다 재미있으면서도 항상 궁금했던 부분이 있었다.

⑴ 파리, 게, 송곳, 홍두깨 지게 작대기, 같은 이런 하찮은 것들이 팥죽할멈의 처지를 어찌 알고 갑자기 사방에서 나타났는가?

⑵ 그리고 그들이 어찌 호랑이의 행동을 예측하여 정확히 포진하고, 자로 잰듯한 공격을, 한 치의 망설임도 없이 순서대로 진행하여, 호랑이를 죽일 수 있었는가? 하는 것이었다. (☞ 답은 본분 중에 있다.)

그리고 많은 시간이 흐른 뒤 많은 일을 겪고 또 알고 나니, 기억 속의 팥죽 할머니 이야기는 그냥 흘려 넘기기에는 너무나 이상한 이야기였다.

언젠가 한번은 만일 내가 팥죽 할머니의 그 호랑이라면 이 이야

기는 실로 소름 끼치는 호러물일 수도 있겠구나 싶어 가슴을 쓸어
내려 본 적도 있었다.

이 이야기는 어쩌면 하늘이 인간에게 주는 직접적인 경고의 메시
지일지도 모른다. 또 정의가 실현되는 메커니즘을 우회적으로 그
러나 정확하게 설명하고 있는 우화임에 틀림이 없다.

하늘과 인간의 관계는 자주 이렇게 직접적이다.

이상한 사건 하나

사자(死者)가 보내온 잊혀진 질문 24개 항, 부활(復活)하다.

이병철 회장의 잊혀진 질문과 가톨릭 교단의 고민 : 모든 변혁의 서막(序幕)

한국 최고의 재벌이었던 삼성의 이병철 회장은 폐암 선고를 받고 죽기 전에 한때 종교에 귀의할 생각을 했다. 1987년 어느 날 고민 끝에 가톨릭 교단 절두산 성당의 박희봉 신부 앞으로 비서를 통해 비공식적인 질문서를 한 통 보낸다.

질문서는 즉시, 당시 가톨릭의 최고 영성가인 정 몬시뇰 신부 등 상부에까지 전달되어 회람 되었지만 어찌 된 영문인지 가톨릭 교단은 고민 끝에 침묵하게 된다. 도대체 왜 그랬을까? 이 간단한 질문에 제대로만 답변했다면 삼성그룹 전체가 가톨릭으로 넘어갔을 텐데……

이렇게 세상에 영원히 묻힐 뻔했던 고인의 질문은 약 25년이 지난 2012년 서울공대 출신의 젊은 신부의 용기(?)에 힘입어 세상에 드러났다. 그 신부의 이름은 차동엽이었고 그가 이 질문에 대한 답으로 내놓은 책의 제목은 〈내 가슴을 다시 뛰게 할 잊혀진 질문〉이었다.

그런데 그것은 답변이 아니라 오히려 논란의 시작에 불과했다. 책을 읽어 보고 나서야 분명히 알게 되었다. 왜 당대의 가톨릭의 영성가들이 이 질문에 대한 공식적인 답변을 거부하고 침묵하였는지를…… 그리고 이는 앞으로 가톨릭과 개신교에 닥쳐올 거대한 암운(暗雲)의 시작이라는 것을……

결론적으로 말하면 차신부는 판도라의 상자를 열었다. 이병철의 질문은 너무나 순수한 어린아이 같았고 그래서 절박했고 그래서 이 세상만큼 무거웠고, 또한 그의 인생 전체를 담았기에 비할 때 없이 예리했다. 제대로 된 영성(靈性)이라면 이런 질문에 한 톨의 거짓말로도 답을 하게 되면 즉시 벼락(?)이 떨어진다는 사실을 본능적으로 안다. 이 질문들은 처음부터 논쟁하려는 목적이 아니었다. 오히려 이병철 회장은 가톨릭이 답변하는 그대로를 믿고 따르려 했을 것이다.

그러므로 가톨릭은 차마 말을 할 수가 없었다.

한 나라를 좌지우지했던 인간이 말년에 진심으로 죽음 이후의 세계가 궁금해져서, 진실을 알고자 백지에 정성스럽게 수기로 써서 예를 갖추어 보낸 질문 24개 항은 그 하나하나가 폐부를 찌르는 절박함과 진정성으로 가득 차 있다.

결론을 말하면, 차신부의 공덕은 결코 그의 설익은 답변에 있지 않고, 아이러니하게도 이 질문을 이 세상에 감히 드러낸 용기(?)에 있다.

소위 잊혀진 질문은 죽음을 앞둔 노 회장의 단순한 호기심인가? 아니면 하늘이 던진 '21세기 종교가 넘어야 할 최소한의 시험'인가?

확실한 것은 이 질문이 이병철 회장에 의해 세상에 던져지고, 20여 년간 가톨릭에 의해 묻혔고, 완전히 잊히고 난 뒤, 정말로 믿을 수 없을 만큼 기이한 경로로 세상에 웅장하게 다시 등장하게 된 것은 이야기 스스로가 가진 생명력이 그만큼 무겁고 확고하기 때문이라는 사실이다.

내 다른 기회를 빌려, 차신부도 결국 제대로 된 답을 줄 수 없어 얼버무렸던 이 질문들에 대하여 고인이 된 이병철 회장뿐 아니라 온 세상이 함께 공감할 수 있는 분명한 답변을 할 것이지만, 여기에서는 다만 원래의 그 잊혀진 질문, 전문(全文)을 독자들에게 소개하는 것으로 만족하려 한다. 이 질문들을 읽어보면 알 수 있을 것이다.

왜 그들이 공개적으로 시원한 답장을 보낼 수 없었는지를! 그리고 이 질문은 아직도 진실한 양심의 답변을 기다리고 있다. 불교든 기독교든 유교든 상관없다.

자신이 있으면 다음의 질문에 각자의 종교적 신념으로 진지하게 답해보라.

단, 어물쩍하다가는 자신이 속한 교단의 명운(命運)을 걸어야만 할 것이다!

호암(湖巖) 이병철의 잊혀진 질문 전문(全文)

1. 신의 존재를 어떻게 증명할 수 있나?

   신은 왜 자신의 존재를 똑똑히 드러내 보이지 않는가?

2. 신은 우주 만물의 창조주라는데 무엇으로 증명할 수 있는가?

3. 생물학자들은 인간도 오랜 진화과정의 산물이라고 하는데, 신의 인간 창조와 어떻게 다른가? 인간이나 생물도 진화의 산물 아닌가?

4. 언젠가 생명의 합성 무병장수의 시대가 가능할 것 같다.

   이처럼 과학이 발달하면 신의 존재도 부인되는 것이 아닌가?

5. 신이 인간을 사랑한다면 왜 고통과 불행과 죽음을 주었는가?

6. 신은 왜 악인을 만들었는가? 예 히틀러와 스탈린 또는 갖가지 흉악범들

7. 예수는 우리의 죄에 대해 속죄하기 위해 죽었다는데 우리의 죄

란 무엇인가?

8. 성경은 어떻게 만들어졌는가? 그것이 하느님의 말씀이라는 것을 어떻게 증명할 수 있나?

9. 종교란 무엇인가? 왜 인간에게 필요한가?

10. 영혼이란 무엇인가?

11. 종교의 종류와 특징은 무엇인가?

   (1) 기독교(개신교 가톨릭) (2) 유대교 (3) 불교 (4) 이슬람교

   (5) 유교 (6) 도교

12. 천주교를 믿지 않으면 천국에 갈 수 없는가?

   무신론자 타 종교인 가운데서도 착한 사람이 많은데 이들은 죽어서 어디로 가나?

13. 종교의 목적은 모두 착하게 사는 것인데 왜 천주교만 제1이고 다른 종교는 이단시 하나?

14. 인간이 죽은 후에 영혼은 죽지 않고 천국이나 지옥으로 간다는 것을 어떻게 믿을 수 있나?

15. 신앙이 없어도 부귀를 누리고 악인 중에도 부귀와 안락을 누리는 사람이 많은데 신의 교훈은 무엇인가?

16. 성경에 부자가 천국에 가는 것을 약대가 바늘구멍에 들어가는 것에 비유했는데 부자는 악인이란 말인가?

17. 이탈리아 같은 나라는 국민의 99%가 천주교도인데 사회혼란

과 범죄가 왜 그리 잦으며 세계의 모범국이 되지 못하는가?

18. 신앙인은 때대로 광인처럼 되는데 공산당원이 공산주의에 미치는 것과 어떻게 다른가?

19. 천주교와 공산주의는 상극이라 했는데 천주교도가 많은 나라가 왜 공산주의가 되었나? ⓔ 폴란드 등 동구제국, 니카라과 등

20. 우리나라는 두 집 건너 교회가 있고 신자도 많은데 사회범죄와 시련이 왜 그리 많은가?

21. 로마교황의 결정에는 잘못이 없다는데 그도 사람인데 어떻게 그런 독선이 가능한가?

22. 신부는 어떤 사람인가? 왜 독신인가? 수녀는 어떤 사람인가? 왜 독신인가?

23. 천주교의 어떤 단체는 기업주를 착취자로 근로자를 착취당하는 자로 단정, 기업의 분열과 파괴를 조장하는데, 자본주의 체제와 미덕을 부인하는 것인가?

24. 지구의 종말은 언제 오는가?

세 편의 영화(映畵) 그리고 또 하나

민심(民心)의 느린, 그러나 확실한 변침(變針)

변화의 조짐은 아이러니하게도 2014년 세월호 사건의 여파가 한창 진행되던 와중에 상영된 명량, 인터스텔라, 국제시장이라는 세 편의 영화로부터 감지된다.

위헌심판을 통한 이석기와 통진당의 해체와 현재도 진행 중인 교과서 전쟁은 대통령과 그의 카리스마에 굴복한 현 정권의 핵심 인사들이 이러한 낌새 즉 민심의 변화를 감지한 채 확신을 하고 밀어붙인 결과이다.

첫 번째 영화 : 명량(鳴梁)

이 영화가 상영되기 직전 비슷한 시기에 개봉한 비슷한 영화가 한 편 더 있었다. 바로 강동원 하정우 주연의 그야말로 블록버스

터급 한국영화로써 천만 관객쯤은 우습게 돌파할 것이 확실해 보였던 군도(群盜)를 말하려는 것이다. 스토리, 연출, 스케일, 배우들의 연기, 뭐하나 흠 잡을 것이 없는 멋진 영화였기에 누구도 경쟁하는 명량(鳴梁)의 우세를 점치는 사람이 없었다. 강동원, 하정우가 누구인가? 이름만으로 배우당 천만이라 불리는 흥행의 보증 수표가 아닌가? 그런데 막상 뚜껑을 열어보니 결과는 완전히 정반대였다. 처음 개봉 시에 큰 화제를 몰고 온 것은 단연코 군도였지만 뒤늦게 명량이 개봉되자 관객들은 알 수 없는 힘에 이끌려 극장으로 몰려가기 시작했다. 이상한 낌새를 느낀 이른바 진보 측 평론가들이 SNS를 총동원해 막아보려 애썼지만 역부족이었다. 오히려 SNS로 명량을 추천하는 바람이 사람들 사이에 태풍처럼 불어 닥치기 시작했다. 승부(勝負)는 그야말로 "어?" 하는 순간에 싱겁게(?) 갈려버렸다. 얼마 못 가 군도가 극장 간판을 내려버린 것이다. 이제 관객들의 관심은 명량의 관객 수가 당시 역대 최고흥행이라던 아바타를 언제 능가 할 것이냐 하는 것뿐이었고, 포털사이트에는 이 영화의 관객 수가 매일매일 야구 스코어처럼 생중계되는 진풍경이 벌어졌다. 이 모두가 명량이라는 한 편의 영화가 남긴 잊지 못한 장면들이다.

군도(群盜)는 억울할 것이다. 도대체 무엇이 잘못된 것인가? 군도는 오히려 명량보다 확실히 더 현대적이며 액션도 자연스러웠고 주인공 강동원은 남자도 반할 정도로 멋진 연기를 보여주었다. 심지어 천하의 하정우조차 압도당할 카리스마와 완벽한 액션을 뿜어내는 강동원에 맞추어 다른 조연들의 연기조차 완벽한 영화였는데…… 도대체 왜?

그 이유를 지금 밝힌다. 사실은 영화 자체의 문제가 아니라, 그새 영화인들도 모르게 한국 관객들의 취향이 슬쩍 바뀌어 있었다. 관객은 곧 시민이며 유권자들이니, 유권자들의 취향이라고 할까? 아무튼, 물밑으로 큰 변화가 있긴 있었다. 그런데도 당사자인 관객, 즉 유권자 자신들도 마음이 변한 줄을 모르고 있다가 군도와 명량이라는 확실하게 대비되는 이념의 두 영화가 거의 동시에 앞서거니 뒤서거니 개봉한 다음에야 스스로 정체성을 서서히 깨달아 갔다. 일종의 커밍아웃이라 해도 좋을 것이다.

이 모든 것을 지켜보는 사람으로서 변화가 하도 드라마틱해서 하는 말이다. 군도는 한마디로 '백성의 가난이 관의 잘못이니 봉기하여 썩은 세상을 무너뜨리자.' 즉, 부패한 관료가 백성을 수탈하는 것을 분노한 민중들이 응징하는 내용이다.

명량은 정반대로 나라가 무능하여 백성을 위기에 빠뜨렸을 때 오히려 백성들이 한마음으로 개인적으로는 훌륭한 무장이었기는 해도, 어쨌든 그 무능한 정부에 속해있던 이순신이라는 인물에게 적극적으로 협력할 뿐 아니라 자신들의 목숨을 초개와 같이 버리며 정부와 함께 국가의 위기를 극복해 나가는, 그래서 결국 엄청난 수적 열세를 물리치고 왜놈들을 무찌른다는 다 아는 이야기다.

결단코 이 차이밖에는 없다. 두 영화는 모두 근래 보기 드물게 잘 만들어진 수작(秀作)들이었다. 그런데…… 결과는 경쟁이라는 말이 무색할 정도의 압도적인 숫자로 군도가 참패했다.

이것은 과연 무슨 뜻일까?

한국 유권자들의 주류는 중년에서부터 청년에 이르기까지 이제 이른바 운동권의 시각을 버리기 시작했다.

최근 민노총의 과격한 시위가 과거와 달리 총선을 앞둔 시점임에도 현 정권에 전혀 위협이 되지 못하고 오히려 궁지에 몰린 이유는, 한 종편에서 기획한 4시간 무편집 시위현장 생중계 보도 때문이었기도 하지만, 이런 배경이 있었기 때문이다. 물론 종편의 생중계도 특이했다. 누가 기획했건 간에 특이한 현상이었다. 생각은 누군가 항상 할 수 있지만 과감하게 밀어붙일 수 있었던 것은 바로 이런 물 밑 흐름의 변화가 있었기 때문이다.

보통 1분 30초 정도의 짧은 보도로 양측 모두 문제가 있다는 식으로 편집해서 보도하던 관행을, 이번에는 두 대의 옥상 거치 카메라를 동원하여 롱테이크 기법으로 담담한 객관적 시각을 만들어내더니, 두 대의 이동식 배낭형 카메라를 더 동원하여 자극적 장면을 순간적으로 포착한 역동적인 화면을 만들어 그야말로 그냥 날 것으로 방영해버리자, 그간 평소에 '별로 알고 싶어 하지도 않다'고 생각했던 시위현장의 속살이 시청자들에게 그대로 드러나 버렸고 이를 본 시민들은 생각보다 심각한 현실에 문자 그대로 큰 충격을 받았다. 과거에는 문제조차 안 되던 장면들이 이미 세 편의 영화를 통하여 마음이 돌아선 시민들의 눈엔 문자 그대로 폭동 그 자체였다.

우리는 이제 그 사건의 결과를 안다.

시위의 핵심지도부인 민주노총 한 위원장을 숨겨두었던 조계사는 과거와 달리 분노한 시민들에게 예기치 않았던 쌍욕을 먹었고, 게시판은 욕설과 즉각적인 경찰의 투입을 촉구하는 비판으로 도배되고, 급기야 신도회가 나서 범죄자를 직접 끌어내려는 실랑이가 벌어진 끝에 불교계는 큰 상처를 입었다. 결국, 한 위원장은 뒤늦게 변화된 민심을 알아차린 조계사 측의 사실상 퇴거요청에 떠밀려 경찰의 손에 넘어가 구속되지 않았던가?

이 모든 원인은 이미 변해버린 민심이었고 그 단초는 영화 명량이 애초의 예상을 깨고 1,750만이라는 어마어마한 숫자의 관객을 동원했다는 사실에 있다. 제 돈 내고 제 발로 극장을 찾아와 시간을 소비하고 카타르시스를 느끼고 주변 사람들에게 자발적으로 전파한 한국 성인(成人) 1,750만 명 그리고 인터넷과 유료 IPTV를 통해 다운 받아 보았던 어마어마한 숫자의 관객들!

민주노총 지도부는 설마 명량(鳴梁)을 못 보았던 것일까?

두 번째 영화 : 인터스텔라

우주의 끝, 절망의 끝에서 만난 희망 그것은 부성애(父性愛)였다. 또 세월호 사건이 일어난 지 6개월이 훨씬 지난 2014년 11월에 개봉된 인터스텔라는 지구의 멸망을 맞이한 인류의 마지막 우주탐사선의 선장 쿠퍼와 그의 딸 머피의 시공을 초월한 소통 그리고 상상을 초월한 스토리의 전개.

한마디로 감동적 스토리지만 큰 단점이 하나 있다면 뭐가 뭔지 모르겠다는 말이 절로 나오는 최첨단 물리학적 지식을 영화에 도입한 점이다.

그래서 다른 나라에서는 바로 이 난해한 스토리 때문에 흥행성적이 별로였다. 그때까지의 흥행 톱은 미국을 비롯한 다른 나라에서는 단연코 헝거 게임이었다. 그런데 한국에서는 오히려 정반대였다. 인터스텔라가 헝거 게임을 압도적인 스코어로 앞질러버린 것이다.

영화 테이큰의 아버지 리암 니슨도 그랬지만, 어쨌든 이 영화에서 지구를 구하는 것은 아버지와 그를 존경하는 딸이었다.

지구를 구하려는 탐험의 모든 계획은 거짓으로 밝혀지고, 모든 시도가 실패로 끝났을 때, 주인공에게 남아있는 최후의 무기는 뜨겁고 진실한 마음, 곧 사랑이었다. 감정이 메마른 상태에서 머리를 쓰는 사람은 오히려 여자 주인공인 앤 해써웨이였다. (☞ 좌뇌와 우뇌의 차이 참조)

이것은 과연 무슨 뜻일까?

한국성인 관객들은 복잡하고 이기적인 정치공학이 난무하고 의리와 신뢰가 실종해버린 정치보다는 절망적인 현실을 한 번에 극복할 수 있는 진정성이 있는 상상력을 원했다. 그리고 그런 상상력을 가진 젊은 아버지/남성지도자를 갈구하고 있었다는 사실을 이 영화를 보고서야 깨닫게 된 것이다.

한국 유권자들은 또 한때 신선한 듯 보였던 페미니즘의 정체를 문득 깨달아 가고 있다고나 할까? 왠지 이제 더는 신선한 느낌이 아니라는 사실 또한 깨닫기 시작했다.

노동운동과 종북사상이 큰 틀에서 비슷한 것도 기억한다.

옛날을 추억하는 아이콘은 어느덧 어머니가 아니라 아버지로 바뀌었다.

그런데 이 영화에서는 그 아버지가 온 세상을 구하는 아이콘으로 재탄생했다. 모 트로트 가수의 어머니, 세모자 허위 성폭행 고소 사건의 어머니, 그리고 사건뉴스 속에 빈번히 등장하는 자식을 버리는 어머니, 자식을 죽이는 어머니 등…… 요즘의 신문방송기사를 보면 어머니가 어느덧 무섭고 더는 희생적이지 않을 뿐 아니라 자신의 욕망을 위해서는 자식을 해코지할 수도 있는, 무식하고 이기적인 악바리의 이미지로 변해가고 있다. 이런 현상을 사람들도 이제 문득 깨닫기 시작한 것일까?

또 어쩌면, 형편없이 쪼그라들어버린 남성의 지위에 대한 불만이 한국인에게 잠복하고 있다가 이 영화를 계기로 한 번에 터져 나온 것일 지도 모른다. 이 영화에 열광한 관객들이 20대 남성들이었다는 점이 이를 뒷받침한다. 영화를 보면서 왠지 모를 카타르시스를 경험했던 젊은 남성들이 여자친구와 동료들을 데리고 영화관으로 쇄도(殺到)했고, 급기야 1,000만 명이 공유하게 된 것이다. 평소 골치 아프게 생각되었던 복잡한 물리이론들이 갑자기 잘 이해되면서 각자가 이해한 내용을 아이돌의 신상정보만큼 신나고 빠르게 확산시켰던, 이 신기한 경험들을 한국의 젊은 남자들은 앞으로도 잘 잊지 못할 것이다.

그 후로도 이 이상한 사건은 멈추지 않을 것이다. 이제 진행 중이기 때문이다. 증거를 대보라고? 한참 뒤에 개봉한 영화 마션은 또 어찌 되었는가? 500만에 육박한다. 둘이 합쳐 1,500만 명이

넘는다. 천오백만이 우주진출의 꿈을 재미있어한다? 이제 우리 한국 남자들은 열정적으로 우주 진출의 꿈을 꿀 수 있을 것이다. 그리고 이런 꿈을 꿀 줄 아는 남자를 근사하다고 생각할 줄도 알게 될 것이다. 그것은 꼭 이 영화 때문이 아니라,

겨울이면 날아가는 철새처럼 그저 때가 되어, 내면에서 저절로 생긴 알 수 없는 그리움 때문에 본성이 깨어나기 시작하는 것을 이 영화를 계기로 확인하고 있을 뿐이다. 영화가 아니라 관객의 폭발적인 반응에 숨겨진 코드를 읽어야 한다.

명장 크리스퍼 놀란 감독도 깜짝 놀라게 하였고, 블록버스터 헝거 게임을 그때 그런 영화가 상영되었는지도 모르게 잠재운 한국인의 뜨거운 인터스텔라 사랑의 배경은 이렇게 단순하지 않다.

세 번째 영화 : 국제시장 (할아버지 세대와 손자의 화해)

오늘의 한국을 만든 주역들에 대한 존경과 이해가 싹튼 영화

영화 국제시장의 기자, 평론가들의 평점은 5.81, 그런데 관객 평점은? 무려 9.16이다. 내 의견을 말하자면 기자 평론가들의 평점은 별로 신뢰하지 않는다. 오히려 나는 한국 관객들의 선택을 더 믿는 편이다. 더군다나 사람들이 급속히 몰리는 영화를 따라 보고 실패한 경우가 거의 없다. 더구나 1,426만 명이 극장에서 눈물 콧물 다 흘리고 깊은 감동하고 나왔다면, 그리고 그것이 일부

러 감동이 만들어낸 스토리가 아니라 당시 우리의 갑돌이와 갑순이 들의 평범한 이야기에 기초한 것이라면, 이는 호불호를 떠나 문화 평론가로서 하나의 문화 현상이라고 인정하여도 이상할 것이 없다.

도대체 기자들의 비위에 이 영화가 무엇이 마음에 안 들었는지는 이제 궁금하지도 않다. 오늘날 한국에서 영화 평론가와 기자가 제 돈 내고 극장가는 일반 시민들보다 절대로 높은 의식 수준이 아닐 뿐만 아니라, 경험부족으로 인해 기자, 평론가 쪽이 오히려 더 폭이 좁은 시각을 갖는 경우가 많기 때문이다. 무슨 말인가 하면 위에 열거한 평점의 차이는 사실을 사실 그대로 받아들이는 데 있어서 관객과 기자의 수준과 능력 차이를 있는 그대로 보여주는 의미심장한 갭(gap)이다. 수준이 낮은 편이 기자 쪽이라는 것이 받아들이기 어렵겠지만, 대한민국 국민의 의식은 이렇게 순수하고 뜨거운데 기자들의 의식은 아직도 2010년 이전에 머물고 있다. 참고로 2013년 말에 개봉하여 크게 흥행한 영화 변호인의 기자평론가 평점은 7.43 꽤 높은 점수다. 그러나 국제시장과 평점 차이는 변호인이 무려 20%가 더 높지만, 관객 수의 차이는 국제시장보다 무려 300만 약 30%나 더 적었다. 이 정도면 기자들의 평점과 반대로 선택하면 성공한다고 해도 무리가 아닐 정도다.

이것은 또 무슨 뜻일까?

분명 영화 변호인과 세월호 사태를 거쳐 명량과 국제시장이 크게 흥행하던 그 몇 개월~일 년 사이에 대한민국 국민의 의식에 크나큰 변침이 일어났다. 이런 사실을 기자들만 모르고 있었을 뿐이다. 아마도 영화 변호인이 소위 민주화 시대를 대변하는 마지막 천만 영화였을 것이다.

김대중, 노무현 정부를 거치면서 성스럽기까지 하던, 소위 운동권과 민주화라는 말이 어느결에 평범한 용어에 불과해졌고, 급기야 수틀리면 사회 공동체질서를 제멋대로 무너뜨리고, 개인의 불행을 걸핏하면 정부에 책임을 전가하는 풍조가 만연해지는 단점도 드러났다. 무엇보다 그 새 할아버지와 아버지보다 더 무능하고 더 포악한 북한의 손자 지도자의 등장과 이를 무작정 따르는 국내 종북 인사들의 빗나간 행태를 직접 목격하면서 더욱 싸늘해진 국민의 정서 탓도 있을 것이다.

변호인이 운동권 영화라면 국제시장은 소위 평범한 중산층의 역사, 다시 말해 보수를 대변하는 영화이다. 명량 1,760만 명 국제시장 1,426만 명의 유료관객은 그래서 그 1년 전에 개봉한 영화 변호인의 1,137만을 압도한다.

앞으로 당분간 이 변화는 점점 더 차이를 벌려 나갈 것이다. 국제시장을 보면 북한의 처지는 더 처참해진다. 나라를 통틀어 이런

성공의 경험을 가질 기회조차 박탈당했으니까. 이제 누가 통일을
이끌어나가야 하는지는 너무나 자명(自明)하지 않은가?

이제는 정치인과 기자들의 시각도 변해야 한다. 아니면 가까운
미래 한국인들의 관심 대상에서조차 사라져버릴지도 모르니까.

바야흐로 운동권과 그들의 시대가 이미 저물었다.

또 한 편의 영화, 연평해전

잊혀진 영웅들이 있었다. 당연히 국가와 시민들의 환영과 애도
를 받을 가치가 있었던 용감한 청년들이었다. 이들이 광주에서 죽
은 사람들이나 세월호에서 죽은 영혼들에 비해 값이 일 원이라도
더 쌀 이유가 없었거늘, 단지 군인이라 마음 놓고 촛불집회 같은
것으로 정부에 항의 한 번 못한다는 이유만으로, 역사의 변두리로
내몰린 억울한, 그러나 장한 청년들의 진실한 이야기가 있었다.
그리고 그들의 이야기를 기어이 영화화하려던 무명감독과 스텝들
이 있었고, 전임정권들의 보이지 않은 방해공작과 무관심도 있었
고, 당연히 진행비가 떨어져 열정만으로는 더는 제작이 불가능한
환경을 필사적으로 견디어 내야 했다.

한편 그러는 동안 거짓말처럼 정권이 바뀌었고 우여곡절 끝에
영화가 개봉됐다. 여기까지만 읽으면 무슨 변호인 같은 운동권 이
야기의 영화화라고 생각하겠지만 천만에 소위 운동권 집단이 정

권을 잡았던 시대에 일어난 연평해전의 희생자 가족들과 이를 영화화하려 했던 감독과 스텝들 이야기다.

반대쪽 사람들이 보기에는 운동권 사람들이 만들어낸 군사정권 비판영화의 역 재탕으로 보였을 것이다. 그런데 문제는 그새 상황이 완전히 바뀌어 버렸다. 명량과 인터스텔라 국제시장을 보았던 엄청난 숫자의 사람 중에서 일 단의 청년들이 먼저 움직였다. 그저 당시의 김대중 정권에서 이 청년들의 장렬했던 희생을 제대로 평가하고 정당한 대우만 해 주었어도 큰 이슈가 되지 않았을 것인데, 불순한 정치적 목적으로, 역사를 숨기고 덮으려 했기 때문에, 거대한 부메랑이 되어 그런 짓을 저지른 정치집단들에 지금 먹구름 같은 재앙으로 다시 돌아온 것이다. 그들은 그때 스쳐 지나간 것이 다시 돌아올 때의 무서움을 잘 몰랐던 것이다.

어쩌면 진부한(?) 배달의 기수 같은 관제(官制) 애국 스토리와 흡사 하다고 비판한 평론가와 기자는 물론 많았지만, 예상외로 많은 청년들이 애인과 함께 가슴 찡한 진짜 이야기에 빠져들었다. 사실 최근 한국에 이보다 더한 감동적 스토리가 어디에 있겠는가? 입대할 예정이거나 입대했거나 갓 제대한 나이의 청년들은 그야말로 이 영화의 스토리가 피부에 직접 와 닿았고 자연스럽게 피 끓는 애국심과 희생에 대한 당시 정권의 무관심과 어이없는 대응에 분노했다. 관객들의 숫자는 총 600만 명, 대부분은 앳된 청년들이었다.

햇볕정책의 민낯을 알아버린 청년들의 숫자이다. 네티즌 관객 평점은 9 이상인데 기자평론가들의 평점은 4.94! 변호인의 기자 평점 7.43보다 무려 30%가 평가절하되었다는 사실을 알면 더 화가 날 것이다. 송광호가 안 나왔기 때문인가? 아니면 김대중 정권을 더 세게 비판하지 않았기 때문인가? 아니면 한국 군인(軍人)이 북한의 기습에 맞서 용감하게 싸운 이야기라서 그런 것인가? 답은 세 번째.

이것은 또 무슨 뜻일까?

TV 예능 진짜 사나이가 왜 인기일까? 왜 해병대 지원자가 폭발적으로 증가하는가? 나라를 위해 고통을 감내하는 사람들이 멋있게 느껴지는 현상은 무엇인가?

앞으로 한국에서 종북(從北)이라는 말을 듣고서는 더는 행세를 할 생각을 말아야 한다. 먼저 청년들이 등을 돌리게 될 것이기 때문이다.

이상한 이벤트 하나

봉황개정시대(鳳凰開晴時代)의 선포(宣布)

2012년 대선을 불과 7일 앞둔 어느 날 강남의 어느 호텔에서 중소기업 대표들이 모여 송년회를 했다.

'행복'이라는 뻔한 주제를 가지고 8명의 연설자가 저마다의 행복론을 강의하는데, 잘 알려지지 않은 한 연설자가 느닷없이 빔 프로젝트를 사용하겠다고 나섰다. 한 사람당 5분이 배당된 간단한 강연에 무슨 빔프로젝트(?)라고 의아한 순간, 화면이 드러나자, 생전 처음 보는 거대한 새 그림이 떠올랐다. 처음에는 닭처럼 보였는데 그림의 상단에 적혀있는 천부봉황개정도(天符鳳凰開晴圖) 즉, 하늘 봉황이 눈을 뜨다는 제목을 보고서야 청중들은 그것이 봉황인 줄 알게 되었다. 웬 봉황? 하는데 연설자가 봉황의 머리 부분을 가리키며 "여기가 한반도입니다."라고 하는 것이다. 그

제야 한반도가 머리이고 일본이 왼쪽 날개, 북경 상해 산둥반도를 포함한 중국 동부 연안이 오른쪽 날개, 만주가 몸통인 봉황의 형태를 알아채고는, 사람들의 눈동자가 휘둥그레졌다. 그리고 연설자는 그날 "한반도와 동북아를 아우르는 심볼(Symbol)인 천부봉황(天符鳳凰)이 드디어 눈을 떴다."라는 사실을 정식으로 선포(宣布)하였다.

그리고 결과적으로 동북아시아에 일어날 여러 가지 일들 즉, 남북통일의 시기를 포함한 가까운 동북아의 미래를 비교적 간결한 어조로 예언하였다.

천부봉황은 단연 그 날의 주인공이었다. 모두 스마트폰을 꺼내 사진을 찍고, 연설자에게 달려가 인사를 하고 마치 즐거운 한판의 축제 같았다.

그 사건이 일어난 지 벌써 삼 년이 지났다. 그 새 한국은 우리가 알고 있는 일련의 엄청난 변화들을 겪으며 지금에 이르렀다. 발생한 사건들은 그새 우리가 단단히 신경 쓰지 못한 모든 치부를 날 것으로 드러냈고, 수습하는 과정 또한 답답한 우리의 실력을 있는 그대로 드러내고 있다. 한국인은 이제 막 꿈에서 깨어나 바야흐로 새로운 도약을 준비해야 하는 시점이다.

그러는 동안, 단지 퍼주지 않기만 했는데도 통일은 눈앞에 성큼 다가왔다.

어떻게 살 것인가? 봉황의 머리로써 한국은 동북아의 조정(調整)자가 될 것인가? 아니면 토끼나 호랑이가 되어 잡혀 먹히거나 문제아가 될 것인가?

답은 이미 나와 있고, 현실은 우리가 경험하고 있는 그대로다.

결코 쉽지만은 않을 것이고, 우여곡절을 겪게 되겠지만 결국 우리는 이제까지 그래 왔듯 해결책을 만들어 낼 것이다. 한 민족의 대각성이 동북아와 세계의 평화를 만들고, 이 연장선에서 또 한 번 번영의 기회를 얻게 되는 것이 우리와 인류의 숙명이기 때문에……

그리고 드디어,

천부경(天符經)이 진면목(眞面目)을 드러내는 것이다.

천부봉황개정도(天符鳳凰開晴圖) - 박세당

들어가는 말

01 제목 이야기, 왜 '새 하늘 이야기'인가?

이 책은 한민족의 비밀이 담겨있다고 하는 천부경의 해설서이다.

오늘날 천부경을 아는 사람은 드물지 않지만, 이상하게도 내용을 이해하는 사람은 거의 없다.

예로부터 천부경을 얻는 자 하늘을 얻는 것이라는, 전하는 말들이 있었던 것에 비하면, 참으로 이상한 일이다. 필자가 우연히 얻은 천부경의 비밀만 해도 한민족의 운명을 간단히 바꿀 만큼 엄청난 것인데, 인연을 찾느라, 이를 세상에 풀어낼 때를 여러 해 동안 기다려야 했다.

드디어 2012년, 한민족을 포함한 동이(東夷)족들은 모두가 각자의 사명을 깨닫고, 새로운 시대를 열어가게 되는, 이른바 봉황개정(鳳凰開晴)의 대길운시대(大吉運時代)를 맞이하게 되었다.

봉황의 설화는 선비족 거란 몽골 여진은 물론 주신(珠申)제국 전체를 관통하는 지극히 높은 하늘의 도덕과 깨달음을 상징하는 형이상학적 상징체계이자 군자의 상징이었다. 봉(鳳)과 같은 계통의 글자인 바람 풍(風)으로 상징되는 무욕과 무집착의 초월적 정신세계는 장자에 의해 대붕(大鵬)으로 화했고, 최치원에 의해 풍류(風流)로 소개된다. 신라는 봉황 사상을 자각하였고 적극적으로 받아들였고 진흥왕에 이르러 화랑도로 일반대중에게 퍼 쳐 나갔다. 후일 불교와 결합하여 미륵불 신앙으로 전개된다. 천부경은 이 봉황의 정신이 글로 표현된 것이고, 생명 자체가 글로 현신한 것이며 생명이 어떻게 활동하는가를 밝혀 놓은 일종의 매뉴얼이다

또한 천부경은 노자, 공자, 부처, 예수의 깨달음과 그 가르침의 정수인 도덕경, 중용, 금강경, 예수의 어록복음서인 도마복음 등과 정확히 일치한다.

한마디로 동서양 철학의 정수가 모두 이 봉황의 사상인 천부경에서 비롯되었다.

온 우주와 인간은 애초에 한 몸이다. 지구가 우주 밖의 존재가 아니며 나 또한 지구 밖의 존재가 아니잖은가? 하늘의 속성과 능력이 모두 인간의 신체와 두뇌 속에 온전히 존재한다는 사실은, 현대 물리학의 백미인 양자물리학과 뇌과학의 여러 실험 속에서 하나씩 진실로 밝혀지고 있거니와, 하늘과 사람이 둘이 아님도 이

제는 차차 상식이 되어가고 있는 지금의 21세기는 한민족의 천부경이 드디어 껍질을 벗고 본 모습을 드러낼 때가 무르익은 것이다.

예수가 '새 술은 새 부대에' 라고 했던 말은, 진리자체가 문제가 아니라 받아들이는 사람의 의식 수준이 언제나 문제임을 적시(摘示)하는 금언(金言) 중의 금언(金言)이다.

곧 다가올 미래에는 노소(老少)를 막론하고, 하늘과 직접 교류하면서, 끊임없이 스스로 틀을 깨는 창의적인 인간만이 살아남을 것이다. 천국과 지옥은 지금 이 순간 각자가 먹은 마음과 깨친 진리에 따라, 사후세계가 아니라 이 땅에서 실현될 것이며, 행복과 고통 또한 오직 인간의 마음 먹기에 달려있다.

만일 하늘의 생리를 알고 하늘과 인간의 진정한 관계를 깨닫는 사람이 있다면, 그가 원하는 어떤 일도 이 땅에서 반드시 이루어질 것이다.

옳은 일이라면 시간이 걸린다고 실패라고 하지도 않을 것이며, 타인의 값진 노력을 감히 금전으로만 평가하지 못할 것이며, 단지 시작일 뿐이거나 다른 사람보다 조금 먼저일 뿐인 자신의 성공에 겸손해질 것이며, 자신의 성공만큼이나 다른 사람을 돕는 일이 가장 먼저 스스로 중요함을 누가 가르치지 않아도 저절로 알게 될 것이다.

이 새로운 시대는 그래서 희망으로 가득 차 있다.

사람과 하늘이 직접 교통 하는 시대에 사람은 하늘을 어찌 대하여야 할 것인가? 하늘의 뜻은 무엇인가? 분명한 것은 지금의 불교나 기독교 같은 기성 종교에서는 전혀 답이 없다는 사실이다. 다만 부처나 예수 공자 노자가 처음 깨달음을 얻어 세상에 그 가르침을 펼칠 생각을 했을 때, 전하는 언어와 표현은 달라도 그 핵심은 한결같았다.

그것은 첫째, 하늘이 무엇이며 인간은 무엇인가?

둘째, 하늘과 인간은 어떤 관계가 있는가?

그래서, 인간은 어떻게 살아가야 하는가? 라는 것이었다.

아이러니하게도 지금의 세상이 그들이 살았던 시대와 비할 바 없이 복잡해지고 모든 모호한 것들이 명확하게 밝혀지고 있는 지금, 오히려 인류의 앞날은 더욱 예측 불가며 지금껏 지켜왔던 공통의 가치조차 희미해져 간다.

그러나 이는 말세의 징후가 아니라, '사람이 하늘 말고는 더는 스승이 없어진 현상'을 설명하는 것이다.

새로운 시대는 모든 것이 열려있는 시대이다.

지난 시절에 인류가 만든 신화, 역사, 경제발전이론 같은 이야기들은 이제 모두 유효기간이 지난 지 오래다.

과거에는 옳았던 많은 이야기는 이제는 더는 옳지 않다.

그래서 지금은 지난 시절 우리가 알고 있었던 타인의 성공보다는 오히려 실패의 스토리를 참고하여 나만의 스토리를 다시 써 내려가야 하는 창조적 변혁의 시대라 할 수 있다.

이제 미래의 후손들이 소비할 새로운 이야기를 현실에서 만들어내야 할 역사적 사명이 우리 앞에 떨어져 있다.

그래서 지금 우리에게 필요한 것이 바로 새로운 하늘 이야기이다. 문자 그대로 새로운 시대를 위한 새 하늘이 열려있고 환경/땅은 급속히 변하고 있다. 이제 마지막으로 인간이 변해야 할 차례다.

그래서 지금부터 여러분 앞에 21세기에 새로 열린 새 하늘 이야기를 소개하려고 한다.

예수께서도 말씀하셨듯이 "들을 귀 있는 자만이 들으라!"

02 한국인의 무의식에 깃든 천부경

왜 한국인들은 재미없는 과학영화인 인터스텔라에 열광했는가?

영화 인터스텔라는 전 세계에서 오직 한국에서만 박스오피스 일위에 랭크되며 2015년 1,000만 관객을 동원하면서 기염을 토했고. 한국 관객들은 뜻밖에도 이 재미없는 과학 스토리에 열광했다. 왜 그런가? 우주의 본질적 진실이 엿보이는 진짜 과학 이야기였기 때문이다. 한국 남자들이 얼마나 지성적인 집단인지를 자랑이라도 하듯, 순식간에 어려운 첨단 물리학적 지식이 인터넷을 타고 공유되었다. 블랙홀, 웜홀, 5차원, 시간 여행 같은 최첨단 현대 물리학 이론들을 마치 원래부터 알았던 것처럼, 고차원적인 첨단 과학이론을 알아야만 이해가 되는 어려운 스토리들이 한국인에게는 그냥 척척 피부에 와 닿았다. 직전에 1,750만(역대 일위)을 동원했던 '명량'은 중년들이 먼저 보고 젊은 세대를 이끌었지만, 인터스텔라는 반대로 젊은 층이 중년 세대를 이끌었다. 나만 해도 중학생 아들이 어느 날 불쑥 내지른 "아버지 인터스텔라 좀 보세요. 재미있어요."라는 한마디 말을 듣고, 바로 그 다음 날 즉각 가서 본 케이스니, 한국에 세대 간 교류가 없다는 말은 괜한 거짓말이다.

명량과 인터스텔라는 합이 2,800여만 관객이다. 이쯤 되면 영화 두 편으로 한국인 전체의 세대 간 공감대가 충분히 일어났다고 할 수 있다. 따지고 보면 이상할 것도 없다.

한국인의 유전자에는 하늘이라는 본질적 테마가 깃들어 있었기 때문이다.

이는 오래전부터 학습되어 내려왔고 마치 향수처럼 몸에 배어 내면적으로 발전되어왔던 하늘 사상이 고대로부터 전수되어 오는 과정에서 한국인의 유전자 속에서 일종의 집단 무의식으로 내재하여 있었다.

이것이 영화를 통해 강력하게 자극받는 순간, 활화산처럼 터져 나온 것뿐이다. 이것은 다만 시작에 불과하다.

종교전쟁을 치료할 백신은 한국에 있다.

한국사회는 서구와 중동의 시각에서는 절대로 공존할 수 없는 종교들이 열정적(?)으로 공존하고 있다.

모 일간지에 개재된 영국인 칼럼니스트 팀 알퍼의 이상한 한국의 풍경 한 컷을 인용해본다. "지난주 일요일 동네 슈퍼마켓에 가려고 집을 나섰는데…… 길 건너에 있는 절에서 스님이 목탁을 두드리며 불경을 읊는 소리였다. 그 절에서 15m쯤 떨어진 곳에…… 찬송가 소리가 교회 밖까지 울려 퍼졌고 슈퍼마켓에선 천주교 수녀님들이 물건을 사고 있었다. 슈퍼마켓에서 물건을 사서 나오는 길에 두 여성이…… 내게 팸플릿을 나눠주면서 다른 종교는 모두 사이비라는 식으로 얘기했다. 이 모든 게 내가 지난주 일요일 슈퍼마켓에 갔다 오는 짧은 사이에 보고 들은 한국 풍경이다. 한국 사회는 그저 종교적으로 다양한 사회인 것만은 아니다. 나는 세계인이 진정한 다양성을 경험하려면 한국에 꼭 와봐야 한다고 생각한다."

우리에게는 이제 별 특별할 것도 없는 일상의 풍경이 영국인 저널리스트에게는 좀 충격적인 광경이었던가 보다. 하긴 필자는 영국에서는 종교라면 가톨릭도 개신교도 거의 없이 오직 성공회뿐이며, 이마저도 신자라곤 몇몇 노인들뿐이란다. 더 재미있는 사실은 영국에서 스포츠 하면 오직 축구를 말하는 것뿐인데, 한국은 축구 야구 농구 배구 핸드볼 골프까지 너무나 다양한 구기 종목(球技種目)에 대다수의 한국인이 열광하는 장면을 경이롭게 생각한다.

듣고 보니 전혀 당연한 일이 아닌 것이 맞다. 심각하고 중요한 발견이지만, 이 영국인은 아직 한국의 이런 현상들의 저변에 어떤 문화적 배경이 있는지를 잘 모르는 것 같다. 알게 되면 또 한 번 놀랄 것이다.

지금 세계가 직면한 모든 종교를 바탕으로 한 테러들은 대부분 무슬림과 기독교의 문화적 충돌에 의한 것이다. 한 마디로 종교분쟁 때문에 인류가 위기에 직면했다고 해도 과언이 아니다. 그런데 우연히도 그가 발견한 것은 바로 이 종교분쟁의 치료제, 백신이 한국에 있다는 사실이다. 아직 그 정도에까지 생각이 닿지는 않은 것 같지만 말이다. 어쨌든 한국사회는 팀 알퍼의 말대로 서구와 중동이라면 절대로 공존할 수 없는 다양한 종교가 열정적으로 공존하고 있다. 그러면서도 아무도 종교적인 이유로 죽지 않는다. 이 현상의 원인을 알기만 하면 당장 종교분쟁의 해결책이 생긴다.
그래서 나는 지금부터 이 공존의 근본적인 이유를 밝히고, 한국이 가지고 있는 종교분쟁의 백신 정체와 비밀을 만천하에 드러내려 하는 것이다.

한국을 보라! 신라 시대 이후 도교와 불교가, 고려 이후 불교로, 조선건국 시에는 전격적으로 유교로 국교(國敎)가 바뀌더니, 해방 이후부터는 기독교가 갑자기 융성해져서 나라의 종교판도가 완전히 바뀌는 세계사적으로 유례없는 급격한 종교적 변화를 겪어왔다. 그런데도 2015년 현재, 한국은 유교 도교 불교 기독교가 평화롭게 공존하는 세계적으로 거의 유일한 종교적 평화를 누리고 있다.

뿐인가? 전 국민이 유교, 불교, 기독교, 도교(무당, 점, 풍수지리 등) 중에 하나를 대부분 믿는다. 심지어는 한 집안에도 불교, 기독교를 따로 믿는 사람이 있는 사례가 흔한데, 유교식 제사를 지낼 때는 또 아무런 문제가 없다.

이렇게 혼재되어 있으면서도 서로 해코지하는 유혈 분쟁을 겪지 않는 사례는 세계적으로 드물다. 기독교 광신도가 일부 남아있기는 하지만, 이들은 점점 사회적으로 설 자리를 잃어가고 있다. 참으로 신기한 일이다.

그렇다고 불교의 종주국 인도에, 기독교의 종주국 이스라엘에, 유교의 종주국 중국에 종교분쟁이 없는가? 혹은 탄압이 없는가? 종교분쟁이 없으면 종교탄압이 있고 그마저도 없으면 일본처럼 종교적 무관심이 있을 뿐이지 한국과 같은 열정적으로 공존하는 종교적 평화는 결코 아니다.

한국은 종교분쟁도, 종교탄압도, 종교적 무관심도 없는 곳이며, 오히려 고등종교의 용광로라 할 만큼 여러 종교적 에너지가 융합되어 펄펄 끓는 곳이다. 그런데도 한국에서는 자신이 믿는 종교 문제로 남에게 강요하거나 싸움을 일으키는 사람들을 본능적으로 우습게 보고 경원하는 일종의 암묵적인 사회적 합의가 엄연히 존재한다. 이것이 바로 종교분쟁의 확실한 백신이다.

그렇다면 이런 현상의 더 본질적인 이유는 무엇인가? 라는 질문에 나는 항상 이렇게 답한다.

"한국에 들어온 어떤 외래종교보다 그것을 받아들이는 한국인의 본질적 정신세계가 더욱 높고 훌륭하기 때문이다."라고……

그렇게 자신 있게 말하는 근거는 바로 이 천부경(天符經)때문이다.

천부경의 전하는 사상이 기존 외래종교보다 더 보편적이면서도 포괄적인 데다가, 오히려 그들 종교의 가르침을 넘어서는 초월적 정신세계를 제시하고 있기 때문이다.

종교분쟁의 해결책인 이른바 종교 백신은 인간의 의식 개화(衣食開化)가 이들 종교에 종속되지 않고 오히려 이들을 초월(超越)하는 것뿐 인 데, 한민족은 분명히 그러한 정신세계를 가지고 있다.

그것은 바로 천부경(天符經)으로 대표되는 한민족의 집단 무의식이며, 종교분쟁을 치료할 수 있는 유일한 백신이 되는 것이다.

이처럼 천부경은 우리 민족뿐 아니라. 인류의 소중한 문화유산이다.

03 나는 왜 천부경을 해설하게 되었는가?

천부경은 21세기 불확실성의 안갯속을 헤매는 인류에게 희망의 등불이 될 수 있는 진정한 삶의 지침서다.

그러나 이를 활용하기 위해서는, 먼저 올바른 이해가 반드시 필요하다.

기존 천부경 해설의 모순

들어서 무슨 소린지 모르는 해설은 쓰레기다.

천부경이 비단 한민족의 찬란했던 문명과 고차원적인 의식세계의 흔적들을 증명해 준다고 할지라도, 복잡한 현실에 적응하며 살아야 하는 현대인들의 여러 문제에 대한 해답을 던지지 못한다면, 기껏해야 호사가들의 술안줏거리에 불과한 것이다.

오늘날 기존의 천부경 해설들이 이토록 모호하고, 어지럽게 난

립하는 이유는 겨우 81자의 쉬운 한문을 이리저리 짜 맞추어 해석하는 것은 아무나 할 수 있는 일이고, 내용의 상당 부분이 일(一)부터 10까지의 숫자이므로 먼저 주역이나 사주풀이에 익숙한, 시중의 소위 점쟁이들의 관심을 끈 탓도 있겠지만, 무엇보다 내용을 꿰뚫어 이해할 수 있는 의식 수준을 가진 해설가와 인연이 닿지 않은 탓이 더 크다. 천부경에 적혀있는 글자들의 사전적 풀이는 누구나 할 수 있고 그 누구도 틀렸다 맞았다 할 사람이 따로 없기는 하지만, 무릇 해설이라 함은 일반인이 들어서 충분히 이해할 수 있어야 하거늘, 지금까지의 해설들은 들어도 감동은커녕, 쇠귀에 경 읽기처럼, 무슨 소린지를 통 이해 할 수 없었다. 아무도 이해를 못한다면 이것이 과연 해설을 듣는 사람만의 문제겠는가?

이런 식으로는 천부경을 백날 읽어도 오해만 깊어질 뿐, 독자에게는 아무런 득이 없다.

이 책, 천부경 해설을 세상에 내놓기까지

필자가 천부경을 처음 접한 것은 1980년대 중반이다. 치과 개업을 하고 얼마 안되, 동양화를 거래하던 일명 표구 할아버지에게 부탁하여 유명한 서예가가 쓴 천부경 전문(全文)을 받아 걸어놓은 것이 지금도 방에 걸려있다.

한동안은 예술작품처럼 눈요기만 했을 뿐, 속뜻은 별로 유념해

보지도 않은 채 세월이 흘렀고, 그 새 우리나라는 그 유명한 IMF를 지나 엄청난 변화를 겪었으며 그 소용돌이 속에 벤처기업을 하고 있었던 나도 휩쓸려 들어갔다.

괜찮았던 회사가 직원의 배신으로 하루아침에 망하게 되었다. 절망 끝에 차라리 목숨을 끊을 결심까지 하고 보니 엉뚱하게도 나를 이렇게 만든(?) 하늘이 미웠다. "내가 무엇을 그리도 잘못했길래, 나를 이리 못살게 만드는가? 만일 내 앞에 당장 하늘이 있음을 보여주지 않는다면, 천생아재(天生我才)는 필유용(必有用)이라 했거늘, 당신이 필요해서 내게 준 재능을 나 스스로 회수해 버리겠다고 협박도 했다.

이런 말도 안 되는 협박이 먹혔는지 정말로 하늘은 자신의 존재를 보여 주었다. 소설 같았던 그때 이야기를 이 지면에 다 쓸 수는 없지만, 참으로 신기한 과정을 거쳐 결국 정의는 실현되었고, 그 사건을 계기로 10년간 여러 유파를 전전하며 본격적인 구도의 길로 들어서게 된다. 그러는 한편, 이상하게도 불행은 쉬지 않고 들이닥쳤다. 집사람이 만성신부전으로 투석을 시작했고, 아버지는 말기 암으로 투병을 시작했다. 그렇게 꿈같은 세월, 17년이 흘렀다.

집사람은 다행히 10년간의 투병생활 끝에, 신장이식수술을 받아 잘 지내고 있지만, 안타깝게도 이 글을 탈고하기 며칠 전 아버지가 돌아가셨다.

참으로 원통한 일이다. 지난 10년간 아버지는 나의 친구이자 동지셨다.

중국어를 전혀 해본 적이 없는 상태에서 단 10주 만에 79세에 세계 최고령으로 최단기간에 중국어 신 HSK 5급에 합격하셨고, 최고령으로 중국어 HSK 전문교사 자격증을 취득하셨다. 아버지가 합격하시고 나서야 주변의 보통사람들의 수군거림이 그쳤다.

그사이 나는 책을 5권 썼다. 등록된 특허가 40여 개, 돌아보니 세월 따라 묵직하게 쌓여있는 것도 제법 된다.

폭풍 같았던 지난 자취를 돌아보니 이제 겨우 조금 알 것 같기도 하다.

이 모든 과정을 내 방에 걸린 천부경은 묵묵히 지켜보았다.

나름의 진정성이 전달된 것일까? 어느 날 천부경이 말을 걸기 시작했다.

아 그런 뜻이었나 하는 순간, 전체가 한눈에 보이기 시작하였고, 시간이 지날수록 디테일이 하나씩 도드라지더니 그때마다 작은 깨달음들이 찾아왔다.

그것은 경이로움이었으며, 어떤 때는 그 자체가 삶의 이유이기도 했다.

그즈음에 풍운보(風雲步)를 발견했고, 열심히 수련했다.

2008년의 어느 날, 미사리에서 혼자 풍운보를 수련하는데 갑자기 내면에서 한 소리가 크고 또렷하게 들려왔다. "너는 오십이 되면 서른다섯이 될 것이다." 귀를 의심했지만, 너무나 뚜렷한 목소리여서, 잊지 않으려고 그것을 적어 두었다. 그리고 오십이 되기만을 기다렸다. 그때 나는 꿈 같은 서른다섯이 될 테니까! 세월이 지나 50이 되어 가자 모습이 조금씩 변해가기 시작했다. 뚱뚱했던 몸이 날씬해지고 반 대머리였던 머리카락이 조금씩 무성해졌다. 더 젊어졌다는 소리를 많이 듣게 되었다.

만오십일 세이던 2012년 3월 신 HSK 5급 시험에 도전하여 6주 만에 합격하는 소위 기적을 이루었다. 같은 방법으로 주변을 가르치기 시작하여 신 HSK 5급 시험에 왕초보였던 사람들 12명이 합격했다. 처음에 반신반의하던 친구들도 이제는 의심치 않는다.

그로부터 3년이 더 지난 2015년 12월 신문에 새로운 나이 계산법이란 칼럼이 떴다. 40세 이후부터는 자기 나이에 곱하기 0.7을 해야 옛날 사람들의 수명 대비 활동 나이와 일치한다는 것이다.

읽는 순간 등에 소름이 끼쳤다. 50×0.7=35!!! 50은 곧 딱 떨어지는 35세다. 그러니까 나만 그런 것이 아니고 모두가 그렇게 되는 시대가 올 것을 정확히 예언하는 일종의 세인트 어드바이스(☞ Saint Advice, 일명 觀世音의 라디오 참조)였던 것이다.

이로써 천부경 암송(暗誦)을 기반으로 한 천부진명검과 더불어

마침내 셋이 하나가 되어 태초의 無로 돌아가는 민족 고유의 수련법이 모두 복원되었다.

나는 이 모두를 통틀어 최치원의 난랑비서에서 언급했듯이 풍류(風流)라는 이름을 붙였다. (☞ 본심 본태양 앙법 참조)

시간이 지나자 나는 더욱더 많은 숨겨진 이야기들을 보고 듣게 되었다.

풍운보를 걷고 있던 어느 날, 눈앞에 한반도지도와 동북아 지도가 보이고, 이에 정확히 겹쳐져 한 마리 거대한 봉황이미지가 생기더니, 봉황의 머리 부분인 남한에서 감겨있던 눈을 번쩍 뜨는 모습을 생생하게 보았다. 이를 바탕으로 그린 것이 천부봉황개정도(天符鳳凰開睛圖)라고 알려진 그 그림이다. 그림이 완성되자 이 봉황의 스토리가 저절로 떠올랐다. 이렇게 얻어진 스토리를 책으로 내고 싶다는 생각을 몇 년간 지속했을까? 아니나 다를까? 항상 그랬듯 우연을 가장한 공교로운 일이 먼저 일어나더니, 운명처럼 훌륭한 아동용 그림출판사가 나타나, 처음으로 그림동화 책을 내게 되었다. 훗날 2014년 문화체육부 세종 우수도서로 선정된 '봉황 눈을 뜨다.'는 그렇게 세상에 나왔다.

앞으로 10년 후면 지금 초등 3학년이 성인이 된다. 그때 기성세대들이 한반도가 호랑이니 토끼니 하면 그 애들은 그저 실실 웃기만 할 것이다.

중국이 드래곤 용(龍)이면, 한국은 피닉스 봉황(鳳凰)이다. 이 이미지 하나로 우리는 단지 기술만 뛰어난 민족이 아니게 된다. 시간이 갈수록 우리는 그 옛날 봉황 족의 이미지와 본성을 되찾아갈 것이고, 그 이전에 이 그림은 한민족의 심볼이 되어 있을 것이다. 책이 나온 이후 의식의 전개는 더욱 빨라졌고 한국은 겉으로는 혼란스러워 보여도 실은 모든 것이 빠르게 제자리를 잡아가는 중임을 알게 되었다. 빠르면 지금부터 3년 이내, 길어도 5년을 넘기지 않고 남북은 합쳐질 것이다. 통일 방식은 당연히 흡수 통일이며 남한이 북한을 합병할 것이고, 일본은 아베와 우익들이 만들어 놓은 70년의 음모가 최종적으로 실패하여 몰락하고 나서, 남은 국민은 급속히 봉황 족의 정체성을 되찾은 다음, 봉황 족으로 한국에 합류하는 형태로 동북아에 진정한 대통합과 평화의 시대가 올 것이다. 한편 중국의 동북공정은 최종적으로 실패할 것이다.

중국은 10년 안에 내치의 혼란으로 인해 만주와 내몽골 티베트 광둥성이 분리된다.

이상이 봉황이 내게 눈을 뜬 채로 보여준 동북아의 미래에 대한 묵시록이다.

이후부터는 매사가 비슷한 줄기로 흐르고 있다. 필요한 때 필요한 능력이 생긴다. 그리고 그것을 쓸 때와 장소가 생긴다.

작은 시냇물들이 모여 하나의 도도한 강물 같은 이야기가 되었을 때, 내가 알게 된 천부경의 비밀을 세상에 낼 결심을 하게 되었다.

마침내 한국인이 봉황 족으로써 자신의 정체성을 되찾고, 봉황 대연합의 주재자로서, 동북아의 조정자의 임무를 수행할 때가 왔기 때문이다.

2015년 12월 24일 해시(亥時)

한덕재에서 박세당 쓰다.

본문을 읽기 전에 먼저 알아 두어야 할 개념정리

소고(小考)

천부경(天符經)의 본질적 개념과 타 종교와의 관계

천부경은 하늘의 생리(生理)를 적은 경전이다.

천부경이란 이름은 하늘 천(天), 부합할 부(符), 경서 경(經) 이
세 글자로 되어있다. 이것은 하늘의 본질 즉, 천명(天命)에 부합
(符合)하게 사는 방법을 적은 경전이라는 뜻인데, 하늘의 본성이
란 좀 더 구체적으로 The Physiology of Heaven(하늘의 生理)가 될
것이다.

여기에서의 하늘 天이란 땅과 사람과 대비되는 그 하늘만을 말
함이 아니라, 天·地·人을 포함하는 이 우주 전체를 관통하는
용어로 이해할 수 있다.

그런데 이 책에서는 이 우주의 창조성을 포함한 근본 질료와 의

식의 본질을 통칭하여 하늘이라고 하고 있다.

천부경은 오교(五敎)(불교, 유교, 도교, 기독교, 그리고 풍교)의 중심사상
이 들어있을 뿐 아니라, 이들을 초월하여 통합하는 경전이다.

하늘 천(天)의 금문(金文)을 보면 大에 꼭대기의 머리가 둥글게
강조된 형태이다.

大는 사람의 형태를 본뜬 글자이므로 어찌 보면 머리통이 큰 사
람으로 오해할 수 있겠지만, 여기서 하늘이란, 머리통을 큰 사람
을 가리키는 게 아니라, 사람의 머리통 그 자체를 가리키는 것이
다. 다시 말해서 사람의 머릿속에 들어있는 모든 의식의 세계를
하늘이라고 표현한 것이다. 여기서 우리 조상들의 하늘 관(觀)이
명확하게 드러나게 된다. 이렇게 되니 이 하늘 천(天)이라는 글자

를 만든 사람들은 고대 한국인(동이(東夷))일 수밖에 없는 것이, 중국에서는 이 天이라고 하는 글자를 절대로 이처럼 사람의 머릿속에 있는 세계라고 해석하지 않기 때문이다.

머리를 가리키는 한국어 대가리라는 말 속에 이미 대가(大家), 즉 큰 집이 있듯, 하늘 또한 큰 울타리라는 뜻의 한국어 한울에서 왔다면, 큰 집과 큰 울타리는 서로 통하는 말이며 하늘 천(天)의 상형인 큰 머리 형태와 모두 본뜻이 일치하는 것이 분명히 한국인만이 이해할 수 있는 개념이다.

이렇게 한국인만이 가지고 있는 天의 개념은 천부경 전체를 통하여 분명히 드러나 있다시피, 하늘이란 또, 사람의 머릿속에 있는 거대하고 원형질적인 무의식의 세계라고 볼 수가 있다.

이 거대한 원형질적인 세계를 우리는 각자의 종교에 따라 아버지(예수/기독교), 空(부처/불교), 虛(노자/도교), 中(공자/유교), 無(천부경/풍교) 등의 개념으로 받아들이게 된다.

앞으로 설명할 이 하늘은 반드시, 사람의 머릿속에 있는 이 거대하고 원천적인 무의식의 세계라고 이해를 하면 큰 오해가 없을 것이다.

이 하늘의 개념을 확장하면 이 세상을 창조한 창조주의 본질적 의식까지도 닿을 수 있을 것이며, 이때 가장 유사한 개념의 글자는 천부경의 서두에 출현하는 일시무시(一始無始) 할 때의 무(無)

이다.

천부경의 주제는 한마디로, 무(無)라는 이름의 창조주(본성)와 그가 창조(변화)한 세상인 一 (이 둘은 사실상 같다)의 위 순환적 흐름, 그리고 이 과정에서 제3의 변수인 인간의 역할과 관계를 서술한 일종의 서사시이며, 핵심어는 무(無), 일(一), 그리고 삼(三)이다.

결론적으로 천부경은,

평화롭고 풍요로운 지상낙원은 신(神)의 의지가 아니라,

오직 인간의식의 개화(開化)에 달려있으며,

그 방법은 어떠하며, 그때 세상이 또 어떻게 변하게 되는지를 밝혀놓은 기성종교를 초월한 가르침으로써 인류문화의 위대한 유산이다.

가슴속에 대의(大意)를 품은 사람들에게!

그대 가슴 속에 품은 대의(大義)가 진정한 것이라면

분명 참기 어려운 시련이 먼저 닥칠 것이지만,

스스로 거두어들이지 않은 이상,

아무도 그 뜻을 꺾지는 못할 것이다.

큰 뜻을 품은 자여, 오직 노력하고 또 기다릴지니,

환경이 만들어지고, 어느덧 저절로 무르익을 것이다.

때가 이르면, 망설이지 말고 달려나가 취할 것이니,

그때, 하늘이 그대와 함께하리라.

천부경(天符經) 81자, 전문(全文)

一始無始一析三極無
盡本天一一地一二人
一三一積十鉅無匱化
三天二三地二三人二
三大三合六生七八九
運三四成環五七一妙
衍萬往萬來用變不動
本本心本太陽昂明人
中天地一一終無終一

천부경(天符經) 81자, 세당 직역(直譯)

(우리가 알고 있는)이 하나는 시작하기를 무(無)에서 시작했다.

하나는 삼 극으로 나누어지며, 아무리 나누어도 본질은 다함이 없다.

하늘이 셋 중의 하나로서 제일 처음에 만들어졌고, 고유번호는 일(一)이요, 땅이 그 셋 중의 하나로서, 그 고유번호는 이(二) 이며, 사람 또한 그 셋 중의 하나로서, 고유번호는 삼(三)이다.

하나를 쌓아 열이 되면 완성되니, 틀 없는 것이 삼(三)이 되었도다!

하늘은 (또) 둘로써 三이요, 땅도 둘로써 三이며, 사람도 둘로써 三이로다.

큰 三이 합쳐 六이 되고 六에서부터 七, 八, 九가 차례로 만들어진다.

三을 운행하니 四가 이루어지고 五七이 고리(環)를 이룬다.

이 하나의 현묘(玄妙)하고 자연스러운 흐름이 있는데, (생사(生死)를 막론하고) 세상 그 무엇도 예외(例外)없이 따른다.

쓰이는 것은 반드시 변하는 것이지만, 본성(本性)은 변함이 없나니, 본심(本心)이 본 태양(本太陽)을 우러러 (본성(本性)을 깨달은)

명인(明人) 가운데 천지(天地)는 하나가 되고, 하나가 마치기를 무(無)로 마치게 될 때, (마침내, 새로운) 하나가 드러난다.

01 이 세상은 무(無)라는 이름의 창조주가 만든 세계이다.

무시무시한 파천황(破天荒)적 대전제(大前提)

中	本	衍	運	三	三	一	盡	一
天	本	萬	三	大	天	三	本	始
地	心	往	四	三	二	一	天	無
一	本	萬	成	合	三	積	一	始
一	太	來	環	六	地	十	一	一
終	陽	用	五	生	二	鉅	地	析
無	昻	變	七	七	三	無	一	三
終	明	不	一	八	人	匱	二	極
一	人	動	妙	九	二	化	人	無

(一始無始: 일 시 무 시)

직역 : 하나가 시작하기를 무(無)에서 시작했도다.

70

기존 해석의 결정적 오류는 무(無)를 형용사로 본 것이다.

이 부분은 천부경의 서두이며 가장 중요한 대전제(大前提)이다. 기존 해석가의 대부분이 一始無始一과 맨 마지막에 나오는 一終無終一을 한 세트로 두고, "하나는 시작한 적이 없는 하나요. 하나는 마치지 않는 하나라……"라고 풀어낸다. 글쎄 이게 무슨 당연한, 그런데 쓸데없는 말인가?

천부경이 겨우 81자로 구성된 점을 상기하자. 겨우 81자로 우주의 진리를 설명하고 있다는 천부경이, 81자 중에서 무려 일 할이 넘는 10자씩이나 소모해가며, "이 세상은 시작도 끝도 없다"는 뜻의 진부한 말 한마디를 남길 리가 있겠는가?

우리는 이제 구절을 해석하는 데만 그치지 말고, 그 해석의 의미를 음미해보면서 검증해보는 습관을 길러보자.

<u>확실한 검증법이 있다.</u>

<u>"그래서 어쩌란 말인가?"</u> 이렇게 스스로 자문해 보는 거다. 의미 있는 문구와 해석이라면, 반드시 이 질문에 합당한 답을 가지고 있다. 더구나 명색이 해설서가 아닌가?

해설을 읽으면 틀리든 맞든 간에 무슨 말인지 이해는 되어야 하는 법. 만약 일시무시일 과 일종무종일 두 문장이 한 쌍의 댓구가 되어버리면, 바로 이 "그래서 어쩌란 말인가?"에 대한 답이 전혀 없다. 그야말로 밑도 끝도 없는 말이다. 시작도 끝도 없으니 그래

서 도대체 뭘 어쩌란 말인가?

더는 참고 할 것도 없고, 당연히 깨달음도 없다.

그래서 一始無始一, 一終無終一은 결코 한 쌍의 댓구가 될 수가 없는 것이다. 사실, 나중에 알게 되겠지만 처음(일시무시)의 일과 나중(일종무종)의 일은 전혀 다른 뜻을 내포하고 있다. 게다가 '일시무시 일'과 '일종무종 일'로 두 개가 실제로 딱 붙어 있는 것도 아니다.

즉, 처음(일시무시+일)의 일(一)은 정작 뒤에 나오는 석삼극과 함께 일석삼극의 형태로 한 덩어리가 되어있고, 나중의 일(일종무종+일)은 차차 알게 되겠지만 단 한 글자로 된 독립어구로서, 그 자체로 아주 특별한 뜻을 가지고 있는 말이다.

따라서 본인은 一始無始 라고 하는 4글자를 하나의 문장으로 갈파하는 것으로 해설을 시작하려고 하는 것이다.

一始無始를 직역하면 일시/一始는 무시/無始 즉, 하나의 시작은 무(無)에서 시작된다. 다시 말해 "一은 無에서 시작된다."라고 정확히 풀어진다.

이 해석은 아무런 모순이 없을 뿐만 아니라 자연스럽게 명사인 무(無)를 도입부의 주어로서 우리 민족의 전통적 초월의식의 본류에 접근하는 데 전혀 부족함이 없다. 이렇게 "一은 無에서 시작되었다."라고 했으니, 이제 우리는 일(一)을 알기 전에 무(無)를 먼저 알아야 할 필요가 있다.

무(無)란 무엇인가? 숫자 제로(0)의 발견은 한민족이 먼저다.

인도의 수학자 브라마굽타는 서기 600년경 '숫자 0'을 '슈냐 (shunya)'라고 불렀다. 슈냐는 산스크리트어로 '공백(空白)' 또는 '부재(不在)'의 의미다.

그 이전엔 0은 그저 '빈자리'를 표시하는 부호였을 뿐이지만, 그는 이 공백이란 개념을 0을 사용하여 '아무것도 없음'을 의미하는 '숫자'로 사용한 것이다.

이것은 실로 인류문명에서의 위대한 발명이었지만, 이보다 수천 년을 앞서서 무(無)라는 개념을 먼저 발견한 사람들이 있었다. 바로 천부경을 가진 우리 동이(東夷)족이다.

한편, 현대 물리학에서 이 無의 본질이 밝혀진 것은 20세기 물리학에서 가장 위대한 업적이라고 할 수 있다.

이 無라고 하는 것은 지금까지 "아무것도 없다."라는 뜻으로 이해를 해왔지만, 현대의 첨단물리학인 양자론(量子論)을 적용해 보면, 아무것도 없기는커녕, 전혀 다른 사실이 드러난다.

우리는 물질의 가장 기본적인 단위를 "원자(原子)"라고 한다. 이 원자를 쪼개보면 중성자, 전자, 양성자 이 세 가지로 나뉘는데, 이것들은 더는 쪼갤 수가 없다.

또한, 이 존재들은 우리가 알고 있듯이 입자로서의 특징을 가지고 있으므로 입자라고 인정을 하는 것이지만, 고체로서의 완전히 입자라고는 정의하기 곤란한 성질도 공존하고 있다. 매우 흥미로운 것은 이 중성자 같은 것들이 입자이면서도 파동의 성질을 함께 가지고 있는데, 질량은 없이 운동의 에너지와 흔적만을 가지고 있다. 즉 입자는 형태성과 직진성을 가지고 있는 반면에 파동은 그 야말로 무형적 자취성만이 인정되는 개념인데, 이 둘이 공존하는 것이 물리학의 법칙에는 어긋나는 모순이라는 것이다.

이러한 아원자들을 현대물리학에서는 양자(量子)라고 한다. 이 양자(量子)는 다시 말해 더는 쪼개질 수 없는, 그렇다고 입자도 아닌 물질과 비 물질의 중간단계라고 할 수 있다. 말하자면 이 양자(量子)가 바로 無의 실체이다.

물질의 어떤 특성도 전혀 띠고 있지 않으면서도, 결합하면 비로소 수소 원자, 산소 원자, 헬륨 원자처럼 어떤 물질의 특성을 띠게 되는 것.

다시 말해 공(空)이지만 필요에 따라 언제든지 실체(實體)로 변하는 이것을 우리는 무(無)라고 부르는데, 모든 실체(원자)는 바로 이 양자(量子)라는 비 실체(無)의 무작위적인 결합과 작용으로 탄생하고 소멸하는 것이다. 이것이 바로 일시무시(一始無始)의 과학적 해설(科學的 解說)이 되겠다.

이렇게 시작한다. 고대의 비서(秘書) 천부경이!

자, 그렇다면 일시무시 즉, 우리가 사는 이 세상의 본질이 바로 이 양자의 세계라는 사실은 무슨 뜻일까? 쉽게 설명하면 나를 이루고 있는 양자(量子)와 내 앞에 있는 빈 공간을 이루는 양자, 내가 앉아있는 의자를 이루고 있는 양자들과는 상호 간에 어떠한 분별성도 경계도 없다.

이게 무슨 말이냐 하면, 나와 빈 공간과 의자는 모두 똑같은 양자이므로 사실상 크게 보면 완전히 구별 없는 하나라는 뜻인데, 이럴 테면, 내가 손에 들고 있는 펜을 예로 들면, 펜과 내 손 사이에 눈에 보이는 것과 같은 경계와 구별은 실제로 존재하지 않는다는 말이다.

이 양자의 세계에는 본질적으로 모두가 질량과 성질이 같고 따라서 분별이 되지 않으므로 지금 보고 있는 책과 여러분 사이의 경계라는 것은 애초에 존재하지 않을 뿐만 아니라, 심지어 나와, 여러분과 나와 여러분의 사이의 공간이라고 하는 이 3가지의 구별성은 본질적으로 없다는 것이다.

다시 말해서 모든 존재의 근원은 바로 이 양자(量子) 즉 당시의 시각으로는 無이고, 이것은 태초부터 지금까지 그렇게 존재하고 있었을 뿐만 아니라, 현재 이 시간의 시공간을 통해서도 믿기 어렵겠지만 우리는 지금 이 시각에도 본질적으로는 무(無)로 존재하고 있다.

즉, 우리의 존재의 근원은 無이고, 無라는 배경위에 우리의 의식이 미치는 有라는 물질계가 존재하고 있다.

이것은 어떤 이에게는 그다지 놀라운 사실도 아닌 상식적 개념에 불과한 것이다.

다만 천부경이 5,000여 년 전에 이런 사실을 전제로 시작한다는 점이 경이롭고 이제 "그래서 어쩌란 말이야?"라는 물음에 대한 해답을 어찌 내놓을지를 지켜보는 것은 흥미진진할 것이다.

그러나 인간이 다른 존재에 의해서 창조되었다든지(그것이 우주에서 왔든 또는 하늘에 살고 계신다는 신(神)이던 그 누구든), 또한 인간 위에 다른 누가 있어서 그가 이 세상을 창조했다고 보는 몇몇 종교집단들의 처지에서 볼 때 천부경의 이 전제 자체만으로도 자신들 종교의 존립을 위협하는 큰 충격이 될 수도 있을 것이다.

그런데 이 無라고 하는 개념이 현대 한국인에게는 그리 생소한 것만은 아닌 것 같다. 바로 불교의 영향 때문인데 일제강점기 한국에 "만공(滿空)"이라고 하는 법호의 스님이 계셨다. 이분은 경허

(鏡虛) 스님의 법통을 이어받은 유명한 불교의 선지식인데 경허(鏡虛) 스님이 내려준 이 법호는 이 세상의 본질인 "無"의 존재를 통찰하고 지은 것으로 보인다. 내가 알게 된 말 중에 이 無를 가장 정확하게 꿰뚫어 표현을 한 단어가 바로 이 두 글자 만공(滿空)이다. 보다시피 이 만공(滿空)이라는 말은 "가득 찼다/만(滿)"와 "공허하다/공(空)"라는 상호 모순되는 두 글자로 조합된 단어이다.

이 가득한 무엇(滿)에 해당하는 것이 이 바로 현대물리학의 양자(量子)라고 보면 정확하다. 그리고 공(空)이라고 하는 것은 텅 비었다는 뜻인데, 만공(滿空)이란 바로 이 空이 사실상 어떤 무엇으로 인하여 "가득 찼다"라는 말이 아닌가?

그런데 이 양자의 존재가 알려질 때까지, 눈에 보이는 것도 아니고 만져지는 것도 아니므로 우리는 지금까지 이것을 "空"이라고 하거나 "無"라고 불러왔다. 그렇지만 만공(滿空)이라고 하는 표현을 접하고 보니, 그것이 허무하거나 관념적인 것을 떠나서 우리에게 뚜렷한 어떤 실체로 다가오는 것으로 보인다.

그래서 이 말은 無의 가장 본질적인 느낌을 지금까지와는 달리, 다이나믹한 의미로 잘 전달하고 있다고 생각되는 것이다.

바로 이 말에 의해서 無라고 하는 개념은 이제 우리에게 텅 비고 죽어있는 것이 아니라 가득 차서 살아 움직이는 본질적인 존재로 이해되기 시작하는 것이다.

서두의 대전제 일시무시는 다음과 같은 뜻으로 배치되었다.

즉, 이 글을 읽는 이는 일단 "무한(無限)"이라는 개념을 알아야
한다.

예수 또한 새 술은 새 부대에 담아야 한다고 말하지 않았던가?
진리를 알아들으려면 먼저 받아들일 수 있는 그릇(의식상태)이 되
어야만 하는 것이다.

오해하지 마시라. 예수가 말한 이 새 부대란 결코 "무조건 믿습
니다."라는 신앙을 말하는 것이 아니라, 오히려 반대로 '나'라고
하는 틀이 없는 유연한 의식을 말하는 것이다.

천부경의 저자도 그러했던 것 같다. 맨 처음부터 이런 사실을 미
리 알려 의식의 경계를 무한히(?) 확장하던지 그 경계(자신)를 없
애든지 해야 글을 제대로 이해할 수 있다는 말로 이 글을 시작하
고 있으니 말이다.

자 사실이 이러고 보니, 처음 제시했던 기존의 '一은 시작함이
없이 시작한 하나요, 一은 마침이 없이 마치게 되는 一이다.'라는
식의 해석은 전혀 철학적 통찰이 없는 빈곤한 의식에서 기인한 풀
이라는 사실이 이제는 더욱 명백해져, 더는 설 자리가 없어졌다.

무(無)에게는 두 가지 의식(意識)이 있다.

이제, 그저 그런 말로 보였던 일시무시(一始無始)가, 우리가 알고 있는 본질에 대한 인식의 패러다임을 근본적으로 뒤집는 파천황적 대전제로 확고하게 자리를 잡았다.

그런데 이 無는 단순하게 존재하고 있는 상태가 아니라, 끊임없이 활동하는 대단히 역동적인 개념이다. 다시 말해서 무(無) 즉 양자의 세계라고 하는 것이 어떤 경우에 헬륨이 되고, 수소가 되고, 산소라 되고, 또 다른 원자로 변하는데 어떤 원칙이 따로 있을까? 답은 "알 수가 없다."이다.

양자는 수소가 될 양자, 산소가 될 양자, 헬륨이 될 양자로 구분할 수가 없다. 양자는 자유롭게 수소, 산소, 헬륨이 되기도 하며 또한 자유롭게 다른 것으로 변하기도 한다는 것이다. 이 모든 원인은 전체적이며 무작위적이다.

그러면서도 이 모든 양자는 서로 부딪치거나 방해하거나 명령하거나 저항하는 일이 없다. 마치 하나의 크고 복잡한 생명체의 세포시스템처럼 하나의 통일된 의식으로 움직인다. 나중에 설명하겠지만, 이 의식은 딱히 무엇이 되고자 하는 의지가 아닌 저절로 이루어진 일종의 질서로, 천부경은 이를 일묘연(一妙衍)이라고 부르기도 하는데, 또 다른 말로 이 의식 자체를 부르는 말은 천부경에서는 "틀"없는 의식, 무궤(無櫃)라고 하기도 한다.

사실 우리의 의지라고 하는 것은 반드시 지향성을 가지고 있는 것이고, 지금 내가 말하고 있다는 사실 자체를 내가 느끼고 있는 것. 지금 말하고 있는 내용을 듣고 있는 여러분들이 느끼고 알고 있는 이것을 여러분들의 "의식"이라고 한다면, 이 無라고 하는 양자의 전체 집합 또한 본질적으로 하나의 통일된 의지를 갖고 있다. 앞으로 차차 설명하겠지만, 이 본질적인 무의 통일된 의지란 바로 "변한다"라는 것이다.

無라고 하는 전체의식은 또 하나의 통일된 의식을 더 갖고 있다.

그것은 바로 "존재한다"라는 것이다.

결론적으로 말해서 이제부터 여러분들은 이 "無"라는 존재를 "변한다. 존재한다." 이 두 가지 의식을 가진 살아있는 생명체로 보아도 좋다!

無와 一의 관계는 이럴 테면 창조주와 피조물의 관계이지만, 이 둘은 사실상 동일한 개념이다.

무(無)와 일(一)의 공간적 관계

이 無에서 일이 시작되었다는 말에서 우리는 "無"와 "一"의 공간적인 관계를 설명할 필요가 있다.

여기에 칠판이 있다고 상상을 해보자. 그래서 이 칠판에 동그라미가 하나 그려져 있다고 하자. 이 동그라미를 一이라고 가정을 해보면, 一은 사실상 "無"라고 칠판 속에 존재하는 그림이다. 당연히 칠판 바깥에는 동그라미를 그릴 수 없으므로 동그라미가 존재할 수 있는 장소가 아니다.

다시 말해서 一은 無 바깥에서는 존재할 수가 없다. 그렇다면 一을 만든 의지도 무(無)밖에는 없으므로. 우리는 이 "무(無)"자체를 창조주로 볼 수 있다.

결론, 무(無)와 일(一)은 같은 공간에 있다.

無에서 一이 된다는 것은 같은 공간에서 일어나는 현상이다. 서로 다른 차원과 공간에서 일어나는 현상이 결코 아니다. 이렇게 無의 내부에서 일(一)이 생겼다고 할 때 이 일(一)이라고 하는 것은 철저히 무(無)의 변(變)이며, 또 무(無)의 용(用/쓰임)인 것이다. 작년에 상영됐던 유명한 영화 "트랜스포머"(변신로봇)처럼 본질은 같으나 다만 형태의 변신일 뿐이다. 현대과학에서 우리가 알고 있는 有의 실체, 그것이 양자라는 것을 알게 되었다면 그 양자라고 하는 것은 동시에 無의 실체이기도 하며, 계속 양자에서 양자로 본질적 변화는 없는 채로 형태의 변화만 존재할 뿐이라는 사실도 인정해야 한다. 즉 그 변화의 과정에서 이런 원자의 성질을 띠고, 다른 원자의 성질을 띠고 있는 양자들이 있을 뿐이고, 이 성질을 띠는 상태의 원자가 유(有)의 개념인데, 이때도 양자 자체, 무(無)의 본질적 변화는 없다는 당연한 말을 하는 것뿐이다.

사실 따지고 보면 "창조라고 하는 것이 애초부터 없는 것에서부터 있는 것이 나왔다"라는 개념은 아직 창조의 이런 본질을 통찰하지 못하였을 때의 유치한 마음일 뿐이다.

무(無)와 일(一)의 인과적 관계

무(無)는 일(一)을 낳아 분화시키며 스스로 끊임없이 변화하는 거대한 생명체이다.

이 용어를 우리가 다른 이름으로 불러도 좋지만, 이 천부경에서는 "一"이라고 하는 최초의 물질세계가 비롯된 이름을 "無"라고 분명하게 말하고 있다.

여기에서 "一"이란 뒤에서도 나오겠지만, 天, 地, 人 즉 인간을 포함한 온 세상을 말하는 것이다. 앞에서 이 無를 가지고 만공(滿空)이라고 명명한 것은 과학의 측면에서 볼 때 이 텅 빈 것처럼 보이는 허공이 사실은 물질의 본질을 거슬러 올라가 보면 더는 쪼개고 분석할 수 없는 근원적 파동 에너지로 가득 차 있다라는 것이고, 이 더는 쪼갤 수 없는 부분을 현대과학이 발견함으로써 "무"의 실체를 규명하기에 이르렀으니 그것이 바로 양자(量子)의 세계였고, 따라서 양자는 곧 무(無)의 실체(實體)가 되는 것이다.

그래서 이 세계의 본질을 "만공"선사의 법호를 빌어 그 형태적 특징을 설명했다면, 이번에는 이 無가 무엇인가를 끊임없이 낳는 창조성을 가진 것을 바탕으로 우리는 이를 하나의 큰 생명체로 볼 수 있을 것이다. 이때의 "無"를 선인들은 거대한 암컷(/노자) 또는 아버지(예수)와 같은, 만물의 조상이라는 이미지를 부여할 수 있는 칭호로 불렀던 것이다. 그러나 필자는 여기서 한 발을 더 나아가 그 현묘함을 참작하여, '현공(玄空)'이라는 용어를 사용하여 표현하고자 한다.

또 이 "無"라는 것은 지금의 이 모든 현상계를 만들어왔을 뿐 아니라, 필요시에 부분 또는 전체적으로 즉시 원상복귀 할 수 있는 능력을 갖추고 있으며, 그 자신은 본질에서 한 번도 이 성상이 달라진 적이 없었으며, 자신이 누구인지 또 한계는 어디까지 인지, 선악을 초월하며 또 무엇이 되겠다는 의지도 없고, 무엇이 꼭 되어야 하는 이유도 없으므로, 오히려 아무런 장애 없이 무엇이든지 될 수 있는 까닭에 우리는 이를 '하나의 큰 생명'이라는 뜻으로 '한 생명'이라고 부르기도 한다.

"무(無)", 이 변화무상한 거대 생명체 의식의 중요한 변수는 인간이다.

노자 도덕경에 무명천지지시 유명만물지모(無名天地之始 有名萬物之母)라는 글이 있다.

"이름 없이 천지는 시작되었고 이름이 생기고 나서야 비로소 만물이 태어났다."는 뜻이다. 이것이 무슨 말인가?

이번에는 김춘수의 시 "꽃"을 보자.

> "내가 그의 이름을 불러주기 전에는 그는 다만 하나의 몸짓에 지나지 않았다. 내가 그의 이름을 불러 주었을 때 그는 나에게로 와서 꽃이 되었다." 〈중략〉
>
> 꽃/김춘수

이것은 바로 앞서 말했던 노자의 글귀에 대한 가장 현대적이고 문학적인 해설이요 비유가 될 것이다. 한마디로 '인간의 의식에 들지 못하면 어떤 자연현상이든 의미가 없다.' 그런데 이름이야말로 어떤 물상이 인간의 의식에 들어오는 중요한 계기라는 것이다.

이로써 우리는 이들 이름이 주는 의미를 보다 분명하게 알게 되었다. 이렇게 인간이 붙이는 이름과 인식은 無에게 매우 중요하다.

가령 요즘의 인터넷, IPTV이라고 하는 것은 처음부터 그 이름은 아니었다.

어떤 필요가 있어서 기술이 기획되고 만들어지면, 합당한 이름을 붙이고 나서야 비로소 IPTV라는 이름으로 일반인의 의식에 자리를 잡고 운용되기 시작한다.

이처럼 모든 자연계의 섭리는 이미 존재하고 있었지만, 인간이 그것을 발견한 다음에 인식을 공유하기 위해 무엇인가 이름을 붙이게 되고, 그것이 인간의 의식 속에 자리를 잡으면서 비로소 그 이름으로 인간의 머릿속에 행세하게 되는 것이다.

그래서 이 무명천지지시(無名天地之始)는 이미 존재하고 있는 것이고 유명(有名) 즉, '이름이 있다'라고 하는 개념으로 유명만물지모(有名萬物之母)는 '이름을 붙임으로서 모든 물질과 현상이 인간의 의식 속에 들어와 비로소 존재하고 행세한다.'라는 의미이다.

이 개념을 불교적 측면에서 보았을 때 반야심경에 있는 그 유명한 구절, 색즉시공(色卽是空), 공즉시색(空卽是色)을 들 수 있다. 이것은 色과 空의 관계를 설명하는 것인데 현대적으로 설명하면 지금 우리가 알고 있는 세상과 물질(色)은 사실 균일한 양자의 세계(空)이고 또 균일한 양자의 세계가 언제든지 지금 우리가 인식할 수 있는 물질의 세계로 변화한다는 뜻이다.

즉 본질과 우리의 인식 그사이의 관계를 한마디로 설명하는 부분인데, 여기서 왜 色이 먼저 나오고 空이 나중에 나오느냐 하면 지금 우리가 보고 사는 이 색(色)의 세계가 바로 본질의 세계인 空의 세계를 인식할 수 있는 문(門)이기 때문이다.

다시 말해서 이 色의 세계라는 것은 이미 본질인 무의 세계에서 봤을 때 색(色)은 공(空)으로부터 지극히 균형이 깨진 상태이기 때문에 노자의 "대왈서 서왈반(大曰逝 逝曰反 : 지극히 뻗어 가는 것은 다시 돌아온다)"이란 말처럼, 色이 지극해 지면 다시 空으로 돌아올 수밖에 없고, 이 空의 세계에서는 어떤 것(色)이라도 다시 만들 수 있을 뿐 아니라, 다양한 색(色)으로 인간에게 드러날 수 있다.

그런데 천부경은 이 부분에서 한발 더 나아가 "色이 空이 되고 空이 色이 되는 이 변환 구조가 있다면, 처음의 色과 나중의 色은 완전히 같은 것이 아니고, 처음과는 다른 새로운 무엇이다."라고 까지 말하고 있다.

왜냐면 천부경은 폐쇄형 고리 구조가 아니고 개방형 나선(螺線) 구조이기 때문이다. (☞ 256p 일묘연도 참조)

세당(世堂)의 역

우리가 지금 알고 있는 이 세상은 "無(玄空)"라고 하는 이름의 한 생명 으로부터 그 생명 내부(內部)로부터의 변화로 인하여 시작되었도다.

따라서 보이는 그것을 그대로 받아들이지 말고, 그 이면에 있는 무(無) 의 세계가 본질(本質)임을 유념하라!

이제부터 이 무(無)에 대해 이야기를 할 것이니, 들을 귀가 있는 자는 들으라!

02 모든 것은 삼(三)으로 분별된다.

최초의 분열은 둘이 아니라 셋이다.

中	本	衍	運	三	三	一	盡本	一
天	本	萬	三	大	天	三		始
地	心	往	四	三	二	一	天	無
一	本	萬	成	合	三	積	一	始
一	太	來	環	六	地	十	一	一析三極無
終	陽	用	五	生	二	鉅	地	
無	昂	變	七	七	三	無	一	
終	明	不	一	八	人	匱	二	
一	人	動	妙	九	二	化	人	

직역 : 생겨난 하나는 삼극으로 나누어지며, (같은 방법으로) 아무리 나누어도 본질은 다함이 없다.

천부경 전체에서 유일하게 나오는 분열하는 부분이다. 천부경의 나머지는 모두 다 통합하거나 창조하거나 변화하는 이야기의 구조인데, 여기서 처음으로 분열에 대한 이야기가 나왔다.

즉, 하나가 삼극(三極)으로 분열한다는 이야기인데, 이것이 어떻게 변화하고 통합되는지를 설명하기 위하여 최초의 분열을 설명할 수밖에 없다. 이것은 우리의 인식체계를 크게 키우기 위한 하나의 방편이며, 또한 미시적(微視的)으로 이 세상을 관찰하기 위한 하나의 방편이 될 수도 있다.

이 삼극(三極)이 무엇인지에 대해서는 바로 뒤에 이어지는 문장에서 설명하겠지만, 우선은 이 "하나가 삼으로 나누어진다. 그리고 이것은 이와 같은 방법으로 무한히 나누어진다."라고 하는 두 마디 글에 집중할 필요가 있다.

즉, "우리가 보는 이 세상은 세 개의 큰 덩어리로 나누어질 수 있다."라는 뜻인데, 이것이 뒤에 나오는 천지일 이든 상중하 든 곤충의 머리, 가슴, 배이든, 과거, 현재, 미래이든, 또한 기독교의 성부, 성자, 성신이든 우리가 알고 있는 거의 모든 부분에 대한 인식체계는 기본적으로 3이라는 패턴으로 이루어져 있다. 라는 것인데, 이 구절은 전 세계에 퍼져있는 숫자 3에 대한 인류의 보편적인 인식의 근원을 시사하는 부분이며, 지금까지 이 천부경을 해설하는 수 없이 많은 사람에 의하여 아주 자세하게 해설이 되어

있으므로, 여기서 3에 대하여 다시 비슷한 설명을 더 할 필요는 없을 것 같다.

그리고 우리는 지금껏 이 3에 대하여 너무나 많은 이야기를 들어온 것도 사실이다. 이것은 아직 이 글에서만 본다면, 어떠한 역동적인 부분을 설명하는 것은 아니고, 다만 그 속을 들여다보면 3의 원리가 숨어있다는 뜻이다.

이 3의 원리는 이 세상 전체를 3덩어리로 분석할 뿐만 아니라 이 세 덩어리라고 하는 것은 사실 우리 몸과 우리 몸을 이루고 있는 세포와 세포를 이루고 있는 분자와 원자에 이르기까지 모두 다 현대 물리학에서 말하는 프랙털 구조로 되어있다는 것이다. 이 프랙털 구조라는 것은 동일한 외형이 동일한 내부구조로 이루어진 구조를 말하는데 거대한 회오리바람을 예로 들면 그 회오리바람을 아무리 쪼개 봐도 역시 그 속에는 미세한 회오리로 이루어져 있는 것이 좋은 예가 될 수 있다.

한편 천부경은 서술방식에서 석삼극 무진본 또 용변부동본(用變不動本) 같이 뒷말이 앞의 말을 보완하는 독특한 형식적 특성이 있다. 이런 형태의 말들은 앞의 서술이 획기적이며 뒤의 서술은 이 말의 충격을 완화 시키면서 앞의 내용을 보증하듯, 확신을 주는 형식으로 보면 오해가 없다.

여기서도 마찬가지로 끝이 없다는 뒤의 말보다는 앞의 석삼극에 힘이 더 실려 있다.

사실 과거의 천부경 해설에서는 바로 이 一과 三이 주인공이었다. 다시 말해서 "일이 본체고 삼이 용이라서 일이 본질인데 이것을 운용할 때는 삼으로 나누어짐으로 변화가 일어난다."라는 식으로 이 삼이 굉장히 중요한 것으로 되어있다. 기존의 상수 학자들의 입장에서 보았을 땐, 이 일과 삼자라는 것이 비상한 규칙이라는 것이 첫눈에 먼저 들어오기 때문에 이 숫자만의 중요성에 관심을 기울여가며 천부경을 풀어 보려고 했다.

물론 그러한 접근도 틀린 것은 아니다. 그러나 이런 숫자가 그 자체로 중요한 의미를 있던 시대는 이미 지났다. 과거 왕이 백성을 통치하는 데 있어서 명확한 질서를 만들어 피지배층을 통치하기 위해, 누구나 알 수 있는 1부터 10까지의 숫자에 다양한 상수학적 의미를 부여하여 통치의 기본으로 삼던 시대에는 이런 숫자가 갖는 의미가 절대적이던 때도 있었다.

고대에는 왕이 있고, 그 밑에 어떤 관직을 두거나 행정기관을 두는 당위성을 설명할 적에 음양, 삼재, 사상, 오행, 육합, 칠정, 팔괘, 구궁 이런 것들이 기준이 되는 경우가 흔했다.

그러나 옛날에 방향을 설명할 적에 동, 서, 남, 북으로 설명하고 지시했다면 현대로 올수록 동, 서, 남, 북보다는 시계의 분침을 기준으로 5시 방향, 4시 방향으로 표시하거나, 지금은 더욱더 세분화되어 360 각도로 표현하기도 모자라 다시 분으로 나누고 그것을 또 초로 나누는 시점에 이르렀다. 이런 시점에는 동서남북 하면 모든 방위를 가리키는 하나의 부호로 인식하는 정도의 열린 자세가 필요하다. 따라서 지금부터 나오는 숫자의 개념 자체에는 큰 의미를 부여하지 말아야 한다. 왜냐하면, 천부경 시대에서부터 최소 5천 년이 지난 이 현재에서 우리는 이 숫자에 대한 많은 의미 정보를 이미 갖고 있으므로, 나는 이것을 다만 우리 민족이 세계 최초로 이런 숫자에 대한 정확한 철학적, 상수학적인 개념을 갖고 있었다고 하는 것에 만족하려고 한다.

사실 더 중요한 것은 따로 있기 때문이다.

세당(世堂)의 역

이 세상은 크게 세 가지 요소로 거시에서부터 미시에 이르기까지 일통하여 끝없이 나누어지는 일종의 프랙털 구조로 되어있다.

삼(三)이란 사람과 이 우주를 관통하는 변화의 기본 숫자이다.

03 하늘, 땅, 사람은 서로 평등(平等)하다.

그리고 사람 속에도 천(天), 지(地), 인(人)이 모두 들어 있다.

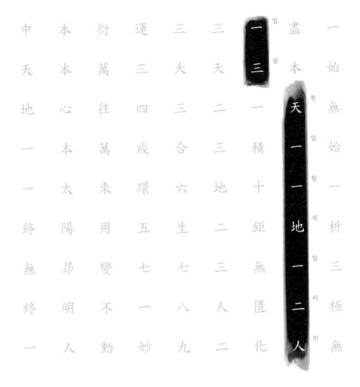

中	本	衍	運	三	三	一 ^일	盡	一
天	本	萬	三	大	天	三 ^삼	本	始
地	心	往	四	三	二	一	天 ^천	無
一	本	萬	成	合	三	積	一 ^일	始
一	太	來	環	六	地	十	一 ^일	一
終	陽	用	五	生	二	鉅	地 ^지	析
無	昂	變	七	七	三	無	一 ^일	三
終	明	不	一	八	人	匱	二 ^이	極
一	人	動	妙	九	二	化	人 ^인	無

직역 : 하늘이 셋 중의 하나로서 제일 처음에 만들어졌고, 고유번호는 일(一)이요, 땅이 그 셋 중의 하나로서, 그 고유번호는 이(二)이며, 사람 또한 그 셋 중의 하나로서, 고유번호는 삼(三)이다.

析이란 분석 즉 가름이지만, 알기 위한 실험적 가름이 아니라 수많은 가름의 귀납적 결과에 의한 또는 단번에 본질을 꿰뚫는 통찰에 의한 가름이라고 해야 한다. 이 분석의 전제(前提)가 바로 통찰이다. 통찰이 없는 분석은 곧 무의미해진다. 이 일석삼극 할 때의 일(一)은 온 우주의 삼라만상(森羅萬象)을 말한다. 처음 천일일(天一一)을 글자 그대로 해석해보면 "하늘이 그 하나로서 하나요"라고 할 수 있는데, 여기에서의 일은 앞서 와는 달리 삼 분의 일이라는 뜻이다. 천, 지, 인 뒤에 같은 일이 있고, 그 뒤에 매겨진 一, 二, 三이 나란히 배치되는 것은 말할 것도 없이 순서 또는 차례대로 매긴 고유번호를 의미하는 것이다.

무슨 말인가? 이 세상을 하나의 원으로 상정을 해 보면, 그중에 천, 지, 인이 각각 삼극의 하나이니, 그것들이 차지하는 분량 또한 온전하게 삼분의 일씩이다. 그리고 이 삼극은 서로 치우치는 경우가 없이 완전한 균형을 이루고 있다. 북극(北極)과 남극(南極)같이 지역적으로 치우치며 중심에서 멀리 떨어진다는 의미의 극(極)이 아니라, 변치 않는 지극한 의미의 절대적 한 특성이라는 의미의 극(極)으로 보아야 한다.

따라서 이 삼극 중에서 '하늘이 삼 분의 일이면 땅도 그 삼 분의 일의 한 축으로 둘이요, 사람 또한 그 하나로서 셋이다.'라는 초벌해설이 가능하다.

이것만으로도 확실히 알 수 있는 중요한 개념 하나는 '천=지=인 이 셋은 그 가치가 똑같다.'라는 것이다.

이제까지 우리는 그 가치를 따질 때 천(天) 〉 지(地) 〉 인(人)의 순서로 표현했다. 그러나 천부경은 분명히 선포(宣布)한다.

"하늘과 사람과 땅은 완전하게 동격의 존재이다."라고, 이는 너무나 혁명적인 선언이다.

그런데 천부경에 분명 그렇게 적혀있으므로 앞으로 어떠한 권능이라도 이 원칙을 깨지는 못할 것이다.

하늘 또한 이 우주의 1/3의 지분을 갖는 대주주일 뿐이기 때문이다. 종교는 인간이 만드는 것인데 오늘 이후 인간들이 이 부분만이라도 올바로 인식하게 된다면 향후 어떤 종교도 이 원칙을 벗어나, 인간이 종교의 이름으로 하늘의 권능을 빙자하여 같은 인간을 억누르는 일은 없을 것이다.

이 놀라운 생명으로부터의 전언(傳言)이 오늘 이 자리에서 말하려고 하는 두 번째 중요한 요지이다.

즉, 첫 번째가 이 세상은 무에서부터 시작됐다. 라는 파천황적 선언이라면, 두 번째는 '하늘과 땅과 사람은 모두 동격이다.'라는 소위 Good NEWS다.

왜 이럴까? 이 구절 직전에 나온 일시무시(一始無始)에서 無라는 존재는 天, 地, 人의 본질인 의식의 원형질이자 모든 물질의 원형질인 일(一)의 어머니이다. 이 無라는 한 생명이 현상계인 一에서는 천지인으로 변해있는 상태지만, 본래의 無 자체는 없어지는 것이 아니다. 그러니까 天의 본질도 無고, 地의 본질도 당연히 無고, 人의 본질 또한 無다.

필요 때문에 이 무(無)가 3극(極)의 성질로 변해 있을 뿐이다. 이유는 바로, 쓰이기(用) 위하여서다. 어떻게 쓰일 것인가?

이것은 차차 설명하겠거니와 다시 한 번 말하지만, 중요한 사실은 하늘과 땅과 사람은 완전히 동격(同格)이라는 것이다.

이것은 하늘 입장에서 인간을 봐도 마찬가지로 동격이지만, 사람 입장에서 도 하늘과 땅을 이처럼 보지 않으면 안 된다는 것이 매우 중요하다.

이것이 바로 좀 전에 말한 "그래서 어쩌란 말이냐?"라는 물음에 대한 하늘의 대답 중 하나다.

무슨 말이냐 하면 "만약 하늘에 대하여 경외심을 가진 자가 사람에 대하여도 같은 경외심을 갖고 있지 않으면, 이 또한 사람으로서의 온전한 의식에 도달한 상태가 아니다."라는 말이 성립된다.

이제 우리는 이 세상을 인식하고 살아가는 분명한 또 하나의 잣대를 얻게 된 것이다. 옛날 사람들은 이 천부경을 금척(金尺)이라고 하는 금으로 만든 자에 새겼다고 한다. 그리고 이 금척을 이용하면 세상에 잴 수 없는 것이 없었다는 전설이 있다. 금척(金尺)은 바로 사람들의 의식과 행동을 재는 잣대였다. 다시 말해 이 전설은 '금척에 적혀있던 천부경의 가르침을 당대 사람들이 어렴풋이 이해하고 그 원리로 나라를 다스렸다.' 라는 뜻으로 이해하면 무리가 없을 것이다.

또한, 앞으로 우리는 천일이, 지일이, 일이삼 이라고 할 적에, 이것은 반드시 우리가 보는 하늘과 우리가 밟고 있는 이 땅과 그리고 우리라고 하는 사람만을 가르치는 것은 아니고, "하늘과 땅으로 상징되는, 일견 서로 반대 성질을 가진 두 요소(天地)와 그것들을 조화시키는 한 요소(人間), 이렇게 3요소가 동등한 지분을 갖고 역동적으로 움직이는 관계를 표현하는 것이다."라고 이해하여야 한다.

무(無)와 일(一), 삼(三)의 관계정리

무(無)는 우주의 본질인 양자 곧 파동(波動)에너지요, 인간의 의식 이전에 존재하는 전체의식이며 스스로 "나"라고 하는 분리의식이 생겨나기 이전의 인간의식의 원형질이다. 형태(틀)는 없고, 무한하며 모든 것을 포함하는 원초적 존재 즉, 조물주이다.

일(一)은 다른 말로 유(有)이며 입자(粒子)이며, 무(無)에다가 환경과 인간의 의식이 가해져서 만들어진, 이 세상을 이루는 물질의 원형질이며, 한울(天), 바탕(地), 사람/몸(人/Body)으로 구별될 뿐, 본질(本質)은 무(無)이다. 무와 일은 서로 다른 것이 아니다.

이 둘의 관계를 역동적으로 표현한 다른 경전의 구절은 반야심경의 색즉시공 공즉시색이며 천부경은 이보다 앞선 것으로 알려졌으므로, 천부경의 사상이 반야심경의 저자에게 어떤 영감을 주었을지도 모른다.

삼(三)은 일의 분열이 아니라 변신이다. 그러므로 삼의 근원은 일이며, 일의 근원은 무(無)라는 논리가 성립된다. 하늘과 땅과 인간은 원래 하나였고 본질은 무(無) 즉, 양자의 파동이다. 현대 물리학적으로도 딱 떨어지는 논리다. 그러나 반야심경에는 삼과 일의 관계가 없다.

이는 천부경이 반야심경을 참고한 것이 아님은 물론, 오히려 그보다 앞선 것으로 원전에 가깝다는 강력한 증거다.

일(一), 이(二), 삼(三)은 곧 천(天), 지(地), 인(人)이다.

삼(三 : 天, 地, 人)의 개념을 현실에 적용(適用)한다.

일(一)이 삼(三)으로 변하면 비로소 현실(現實)이 된다.

하늘과 땅과 사람이 하나가 되어야 비로소 현상계에 실현된다.

뜻(天)을 품고 때를 기다리면서 환경(地)을 만들고 꾸준히 노력(人)하는 것은 바로 일(一 : 본질적 현상계)이 삼(三 : 인간에 의해 활용되는 상태)이 되는 과정이다.

예를 들면 모든 의미 있는 책은 기본이 삼독(三讀 : 세 번 읽음)이다.

• 첫 번째 책의 전체를 알고,
• 두 번째 부분을 파악하고,
• 세 번째 책 내용을 몸에 익힌다.

비로소 공부가 현실이 되어 몸에 배기 시작하여, 활용할 수 있는 지식으로 변한다.

사업을 해도 이 세 번의 법칙이 성립된다.

• 천. 만남의 단계/관심이 생긴다.
• 지. 집중의 단계/환경과 계기가 생긴다.
• 인. 일치의 단계/관계를 맺는다.

비로소 사업적인 거래가 성립된다.

삼(三)은 천지의 현실적 발현(發現)이면서 조화/변화가 일어나는 숫자이다

변화의 주인공은 당연히 인간이다. 인간만이 천지의 변화를 주관한다.

그러므로 삼은 또 인간의 숫자이기도 하다. 같은 실수를 방법을 달리하여 연달아 세 번 되풀이할 수 있는 것은 오직 인간뿐이고, 같은 실패도 세 번이면 틀림없이 조화/변화가 일어난다.

예를 들어 새로운 인연을 만나거나, 실패를 딛고 일어서거나, 깊은 좌절을 통하여 오히려 깨달음을 얻게 되는 것이다. 오직 인간만이 실패를 통해서도 깨달음을 얻을 수 있다.

두 개의 대립 개념(天, 地)과 하나의 통합/중재 개념(人)

두 발 자전거는 그 자체만으로는 서 있을 수도 없다. 반드시 사람이 타고 달릴 때만 안정되고 빠른 자전거로서의 제 기능을 발휘한다.

이때 두 바퀴는 지(地 : 환경/수단)에, 올라타 페달을 밟는 사람은 인(人 : 운행자)에, 관성의 법칙은 천(天 : 자연법)에 각각 비유된다.

두 개의 대립개념 즉 넘어지려는 경향과 달리려는 경향을 조정하면서 올라타고 신나게 달릴 수 있는 제3의 존재가 바로 사람이다.

그래서 모순의 통합 또한 사람이 맡은 중요한 임무이다.

그래서 모든 세 번째는 바로 사람으로 치부되고, 또 국면(局面)의 변화를 뜻하게 되는 것이다.

현대철학의 아버지인 헤겔의 변증법 : 정(正), 반(反), 합(合)의 개념도

천부경에서는 天(正), 地(反), 人(合)으로 정확히 대응된다.
이 또한 두 개의 대립개념과 하나의 통합/중재 개념이다.

세당(世堂)의 역

　하늘과 땅과 사람은 모두 삼 분의 일씩 같은 지분으로 삼극을 이루고 있으며, 그사이에는 어떠한 서열이나 크기나, 귀함의 차이가 없고, 하늘의 숫자는 일이며, 땅의 숫자는 이고, 사람의 숫자는 삼이다.

　그러므로 이들은 서로가 서로에게 완전히 같은 품격의 존재일 뿐 아니라, 본질적 의미에서는 분리할 수 없으며, 서로 완벽하게 호환하는 존재이다.

　따라서 인간은 사람을 존중하듯 하늘을 존중하고 땅을 존중하며, 사람을 편안히 대하듯 하늘과 땅을 편안히 대할 것이며, 마찬가지로 사람을 괜히 두려워하지 않듯 하늘과 땅을 괜히 두려워하지 말아야 할 것이며, 또 마찬가지로 사람을 사랑하듯 하늘과 땅을 사랑해야 한다.

04 사람이란 무엇인가? 첫 번째

열이 되면 빚어져 완성된다. 십진법, 그리고 인간의 탄생

中	本	衍	運	三	三	一	盡	一
天	本	萬	三	大	天	三	本	始
地	心	往	四	三	二	一	天	無
一	本	萬	成	合	三	一		始
一	太	來	環	六	地	一		一
終	陽	用	五	生	二		地	析
無	昂	變	七	七	三	無	一	三
終	明	不	一	八	人	匱	二	極
一	人	動	妙	九	二	化	人	無

一積十鉅 (일적십거)

직역: 하나를 쌓아 열이 되면 완성된다.

이 부분은 뒤의 무궤화삼과 연결이 되는 부분인데, 여기서 일이라고 하는 것은 지금까지 나왔던 맨 앞의 일시무시의 일(一)과 천일일(天一一)에 나오는 일(一)과도 전혀 다른 뜻이고, 그렇다고 첫 번째라는 뜻도 아니다. 여기의 일(一)은 그야말로 "어떤 일(一)"이다. 영어로 표현하면 "a certain"이라고 할 수 있는 그냥 아무런 하나이다.

이 구절은 또, 10진법을 설명하는 말이므로 귀한 것이다.
1에서 10까지의 수를 하나의 단위로 인식하는 10진법이 천부경에서 비롯되었다는 것은 정말 놀라운 일이다.
그리고 여기서는 10을 완성(完成)의 숫자라고 이해한다. 왜냐하면, 마지막의 거(鉅)라고 하는 부분을 단순하게 "커진다"라고 이해해서는 안 된다. 이 말을 옥편에서 찾아보면, 높고 큰 누각이라고 하는 고루거각(高樓鉅閣) 할 때의 거(鉅)인데, 단순히 크다는 의미가 아니라, 크지만 그 모양새가 균형을 잘 잡고 있는 것으로서 "크고 아름답다", "완벽하다"라는 뜻이다.
여기 부수로 쓰인 쇠 금(金)에 많은 의미가 숨겨져 있다.
이 글자가 만들어진 당시의 세계에서 가장 첨단과학이라고 할 수 있는 첨단제조업은 금속제련 및 금속가공이었다. 이는 곧 오늘날로 말하면 IT산업 이라든가 바이오 벤처(bio venture) 같은 것이다.

이런 것들이 고대에는 철(金), 제련기술(火), 활(弓) 등으로 표현되는데, 火는 北에서 오고(北狄), 弓은 東에서 오는 것(東夷)이다. 金은 동북에서 온다. 그러나 중국 사람들 처지에서 보면 북쪽 또는 동쪽이라고 따로 구분하는 것은 무의미하여서, 그저 동북쪽이라고 할 뿐이다. 이러한 狄과 夷라고 하는 개념 속에 당대의 첨단문명이라고 하는 金, 火, 弓의 개념을 붙여넣은 것이기 때문에, 이 거(鉅) 또한 단순한 클 거(巨)라고 하면 곤란하다. 옥편에도 높다 존귀하다는 뜻이 분명히 적혀있다.

참고로 그냥 큰 사람이라는 의미의 거인이라고 하는 말은 "巨人"인데, 이 말에는 존경심이 전혀 없다. 무슨 말인가? 예를 들어, 우리가 아는 거인 최○만을 보면서 아름답다고 얘기하는 사람들은 없다. 그러나 최○만 얼굴이 장동건처럼 생겼고, 그의 몸매나 몸놀림이 K1 리그의 유명한 미남 투사 레미 본야스키처럼 날렵하다고 하면 우리는 그제야 그에게 金자를 붙인 거인(鉅人)이라 불러 줄만 하다라는 것이다.

그러므로 하나가 쌓여서 열이 되면 무언가 높고 존귀한 것(鉅)이 빚어지는 것이다.

그리고 이 멋지게 빚어진다고 하는 개념은 여기서 끝난다는 말이 아니고, 뒤에 있는 무궤화삼(無櫃化三)에서 알 수 있듯이, 일적

십거(一積十鉅)라는 개념은 이제 우리에게는 이 세상에서 가장 높고 존귀한 무엇인가가 잘 빚어져 완성됨을 암시하는 것이다.

세당(世堂)의 역

하나가 쌓여 열이 되면 앞으로 일어날 모든 변화의 주역이자 높고 존귀한 어떤 것이 완성된다. 그것은 바로 사람이며 유한(有限)한 몸에 무한(無限)을 담은 현실적 모순을 상징하며, 동시에 초월을 통한 극복을 암시(暗示)한다.

무(無)와 일(一)과 함께 세 번째 천부경의 주인공이다.

천부경에서 얻은 삼생지도(三生之道)

천부경을 늘 가까이하다 보니, 필자의 인생 자체가 천부경의 세계와 동조되는 신기한 경험을 하게 된다.

우여곡절 끝에 천부경의 진리를 바탕으로 천부경이 몸에 깃드는 풍운보(風雲步)라는 명상 걸음 법을 알게 되었고, 이 풍운보를 수련하다 보니, 저절로 약간의 통찰이 생겼기에 그 결과물을 일부 독자들과 함께 나누고자 한다.

이른바 삼생지도(三生之道)다. 사람의 인생 또한 석삼극 무진본이 무궤화삼하여 10의 10배 즉 100세가 삶의 완성 즉 천수(天壽)이다.

이를 天, 地, 人의 三으로 나뉘고, 필자의 인생 경험과 지금까지 보고 듣고 겪어본 주변과 세상의 인생 스토리와 그들이 만들어내는 이야기들을 종합하여 보니 그 가운데 문득 하나의 거부 할 수 없는 흐름을 발견하였다.

나서부터 10살까지는 사람으로서 최소한의 인성을 갖추는 시기이므로, 아직 인생(人生)으로 안 친다. 아직 희로애락애오욕(喜怒哀樂愛惡慾)의 의미를 제대로 모르는 시기이기도 하다.

"인간은 태어나서부터 10년간의 경험을 통해 평생의 뇌 구조가 완성된다."(빅퀘스천/김대식)

삼생지도는 천, 지, 인(天地人)이다.

11세 이후부터를 진정한 인생이 시작하는 나이로 볼 때 100살을 10의 10배로 삶의 완성 수(수명)로 볼 수 있다. 이 90년을 3으로 나누면, 첫 번째 시작하는 삼십 년 즉, 11세부터 40세까지를 초삼(初三)이라고 하며, 천(天)/하늘의 수에 지배받는다. 41세부터 70세를 중삼(中三)이라하며 이는 지(地)/땅의 숫자이다. 71세부터 100세를 노삼(老三) 즉 인(人)/사람의 숫자로 본다.

중요한 것은 30년마다 반드시 겪고 넘어가야 할 과제, 이른바 필수학점이 있다는 것인데, 모든 것이 있어도 이것이 없으면 진급(進級)이 안 된다.

이른바, 초삼(初三)에는 고통을 통한 단련과 인내를, 중삼(中三)에는 소통과 깨달음을 노삼(老三)에는 세상에 대한 봉사를 통한 기쁨이라는 학점을 반드시 따야 한다는 것이다.

이런 깨달음의 요지를 어떻게 세상과 나눌까 하다가, 한국의 전통 시조가 딱 맞는다는 생각에 핵심내용을 연시조로 만들어 보았다.

이른바, 삼생가(三生歌) 전문(全文)을 같이 소개한다.

삼생가(三生歌) 들어가는 노래

천부경 팔십 일자 세상 진리 적혀있어
어떤 이 그 안에서 조그만 뜻을 얻고
세상을 휘돌아보니 안타까운 마음 있어

세간에 전하려니 벗님네 눈을 뜨소
젊어서 받는 고초 억만금 가치 있고
늙은이 때늦은 욕심 한순간의 물거품

천지인 삼일원리 인생도 매한가지
나면서 쥐고 나온 시나리오 다양해도
살면서 겪어야 하는 고통만은 공평한 것

天, 초생(初生 : 30년) 11~40세의 초년 30년

인생의 골격을 형성한다. 핵심은 받아들이는 지혜를 얻는 것이다. 이때는 순수함이 없으면 실패한다. 젊어 고생을 사서 한다. 라는 말은 진리다. 순수(純粹), 고통(苦痛), 열정(熱情)이 키워드다. 얼마나 치열하게 살았는지가 평가의 기준이다.

최고는 고난을 겪으면서도 선한 의지와 열정(熱情)을 버리지 않는 것이다.

가장 중요한 격언은 "젊어 고생은 돈 주고 사서라도 한다."는 것인데, 왜 젊어 고생을 해야 하나 하는 의문은 나이가 들어가면서 차츰 풀렸다. 세상에는 사람마다 그 특성에 따라 반드시 겪어봐야 이해할 수 있는 일이 있는 것이다. 다시 말하거니와 모든 고통은 인간의 깨달음을 위한 것, 이 하나 밖에는 다른 목적이 없다.

"미운 놈 떡 하나 더 준다."는 말도 있다. 남을 저주하는 데에 최고의 방법은 저주 대상에게 나쁜 버릇을 길러주는 것만 한 것이 없다는 것인데, 참으로 섬뜩할 정도로 심모원려(深謀遠慮 : 깊이 그리고 멀리까지 내다보는 생각)의 저주가 들어가 있는 속담이다.

비슷한 것으로는, 근래 50년 사이에 생긴 "친구를 망치고 싶으면 경마장에 데려가라."는 속담도 있다.

반면에 "귀한 자식 매로 키운다."는 눈에 넣어도 아프지 않은 귀한 자식을 보고, 그 귀여운 감정을 억지로 억눌러야 오히려 자식을 망치지 않는다는 말인데, 이는 현명한 부모가 되는 것도 일종의 깨달음으로 가는 수련과정임을 시사하는 무서운 말이다. (현명한 아버지라는 목표는 이제 단순히 개인의 선택을 넘어 사회 참여적 의무가 되어버렸다. 나의 버릇없는 아들은 우리 가족의 불행을 넘어 사회적 재앙을 초래하는 시대가 온 것이다)

재벌 이세가 가장 비천(卑賤)한 운명이다.

초생에는 그래서 속칭 재벌 2세가 가장 비천하다. 삼성가와 현대가는 자식을 혹독하게 다루었고 한화의 김승연 회장은 어려서 선대회장인 아버지를 여의고 곧장 폭풍 속으로 뛰어들었다. 그래서인지 이건희의 삼성은 아버지의 그것을 넘어섰으며 정몽구의 현대도 크게 발전했고 김승연의 한화도 선대를 넘어선 지 오래다. 모두가 치열했던 초생기를 보냈기 때문이다. 그러고도 사치와 향락에만 빠져있지는 않았다는 공통점이 있다. 이건희 회장의 말년이 좋지 못한 것은 젊은 시절의 몸 관리가 썩 좋지 못했기 때문이며, 결국 어떤 결정적 원인이 생활 속에 있었을 것이다. 70이라는 한창 일할 나이에 쓰러지니 삼성의 앞날이 불안해진 것인데 이 또한 피할 수 없는 일종의 업보다.

한때 재벌 이세의 모임이었던 세칭 7공자의 나머지들은 이들을 제외하고는 예외가 없이 옛날과는 비교할 수 없는 수준으로 사세가 오그라들었거나 이혼하거나 감옥에 가거나 질병에 시달리는 비참한 인생을 살고 있다.

재벌 이세는 웬만한 노력과 성찰 없이는 대부분 그 운명이 예정되어 있다.

한마디로 말해 나서부터 20~30대에 누렸던 온갖 호사(豪奢)에 대한 대가를 그 이후의 인생에서 청구서를 받는 형국이라고나 할까? 하늘은 언제나 대개는 공평한 법이다.

삼생가(三生歌) 초생(初生)

초삼(初三)을 볼라치면 고난과 열정뿐이라
부모에 받을 것은 올곧은 정신 하나
맨몸이 세상 부딪친 상처만이 빛나네

초삼에 불쌍하다 재벌의 2,3세여
타고난 사주팔자 고통 많고 단조로워
멍청한 부모 만나면 살아봐야 망조로다

현명한 애비들은 아들딸 사랑하여
가슴이 무너져도 험한 곳에 던지나니
일부러 겪은 풍파에 인생 경험 빛나도다

초년을 피해 가면 중년에 꼭 오나니
반드시 겪을 것을 피하면 몰아치니
그때는 어마어마해 마주하기 겁나네

이 노릇 누가 알까 애비에게 맡겨진 일
애비 죽은 지금 세상 초년들이 불쌍한데
아버지 십계명만이 어두운 밤 등불 되네

地, 중생(中生) 41~70세의 중년 30년

정신의 근육이 우람해지고 대부분 결혼을 했고 자식을 낳아 기르며 본격적인 애비 노릇을 하기 시작할 때다.

핵심은 운용의 지혜를 얻는 것이다.

이때는 대의와 노련함이 없으면 실패한다. 삶 자체를 즐기면서 살아야 한다.

깨달음과 지혜 절대 고독 이 세 가지를 반드시 얻어야 하는데 이 중에 제일은 깨달음이다.

이 시기에 버려야 할 것은 혈연(血緣), 학연(學緣), 지연(地緣)이고, 얻어야 할 것은 깨달음을 함께 할 동지(同志)이다.

피할 수 없는 숙명 중 하나는 아버지의 책무이다. 아이들이 초생기를 지나기 때문에 단순하게 먹여 살리는 문제만이 아닌 진정한 아버지의 훈육이 필요한 시기이다.

삼생가(三生歌) **중생**(中生)

중삼(中三)에 들어서면 修身(수신)에 齊家(제가)하고
세상과 뜻을 펴니 步步(보보)에 風雲(풍운)이라
정상에 오를지라도 깨달음만이 빛나네

어려서 겪은 고초 중년의 양식이라
다른 처지 이해되고 동병이 상련이라
스스로 마음 열어야 비로소 깨닫는 이치

하늘에 살던 내가 어쩌다 여기 사나
부모의 옷을 빌어 세상에 나올 적에
타고난 이야기대로 살고 있나 살펴보세

사랑하고 결혼하고 자식이 자라나고
사업이 성공하고 승진하고 즐겁다가
갑자기 낯설어지면 그때가 온 것이니

하던 일 잠시 멈춰 나를 보고 너를 보니
이제야 아는 도다. 세상과 나는 한 몸
이래서 우리는 한 팀, 서로 짜고 태어났네

각자가 겪은 것이 서로의 본이 되네
他山之石 可以工玉(타산지석 가이공옥) 듣도 보도 못했는가
石, 玉도 없는 사람은 무엇으로 갈고 닦나

喜怒哀樂 愛惡慾(희로애락 애오욕)은 사람이면 다 있는데
이 때문에 우리 인생 종횡으로 엮여가고
전체가 한 덩어리로 휘몰아친 바람 부네

이것을 아는 사람 세상을 뚫어보며
어디서 무얼 하던 일자체가 天地公事(천지공사)
보보에 淸風(청풍)이 일어 人世(인세)를 깨우치네

112

人. 노생(老生) 71~100세의 노년 30년

깨닫고 물려주고 내생을 준비한다. 핵심은 버리고 베푸는 지혜를 얻는 것이다. 이때는 이타심이 없으면 실패한다.

오직 베푸는 즐거움 하나로 살아야 하는 시기이다.

이 시기에 버려야 할 것은 습관과 집착이고, 얻어야 할 세 가지는 정신적 여유, 무욕과 동심인데 노년의 쾌락은 경험과 여유를 바탕으로 한 진정한 되돌림의 즐거움이며, 반드시 얻어야 할 것은 동심(童心 : 난 지 7일 된 갓난아이의 마음)이다.

삼생가(三生歌) **노생**(老生)

노삼(老三)에 들어서니 더운피 여전하나
가을 서리 찬바람에 맺은 열매 절로 익어
경험과 일궈낸 것을 베풀어야 빛나네

초 삼에 머리 쓰고 중삼에 또 머리써
마땅히 겪어야 할 것 피하고 또 피한 자
노년에 몰아친 고통 한꺼번에 닥치네

마지막 기회 있어 손아귀에 힘을 빼면
고통도 사라지고 깨달음도 찾아오네
마음을 텅텅 비우면 고목에도 새순 나네

초삼에 겪은 고난, 중삼의 깨달음이
노삼을 맞은 그대 걸림 없는 인생사네
까닭을 다 알았거늘 갈 곳 또한 모를까

세상이 곧 나요 내가 곧 세상이라
내가 가진 것을 세상에 돌려주니
어떻게 그리할지가 단 하나의 고민이라

돈으로 닦은 자는 돈으로 보답하고
재능으로 닦은 자는 재능으로 돌려주세
한평생 깨친 것들로 세상 더욱 빛나네

이제껏 사귄 벗도 혈연지연 소용없고
한평생 같이 살던 부부도 마음이 달라
오로지 뜻이 통하는 동지만이 빛난다네

☞ **아버지의 십계명**(十誡命)

삼생지도와 떨어질 수 없는 것이 바로 아버지의 십계명이다.

초생은 인생에서 가장 중요한 시기인데도 고통이 테마인지라 아버지의 올바른 지도(指導)가 너무나 중요한 시기이다. 아비는 이것을 본능적으로 알게 되어 있지만, 불행하게도 이 시대는 아비가 죽은 초생의 무덤이다.

그래서인지 아버지의 십계명이 자연스럽게 세인트 어드바이스로 드러났다.

매년 5월의 어버이날이 오면 발표하려 했는데 그때마다 묘한 사정이 생기곤 하는 것이 지금껏 미뤄진 이유라면 이유다.

천부경의 삼생지도와 한 쌍이 되므로 이 자리에서 전문(全文)을 소개한다.

아버지의 십계명(十誡命)

애비와 자식은 존경과 두려움으로 시작하여 사랑과 이해를 통한 상부상조로 종결되는 숙명의 동반자 관계다.

자식은 애비를 통해 배우고 애비를 순종하고 반항하면서 의식의 성장에 가장 크게 영향을 받는다. 그리하여 무릇 아비된 자들은 자식을 기르는데 목숨처럼 지켜야 할 것들이 있으니 아들은 나의 아들이기 이전에 하늘의 자식이기 때문이다.

제1계명 : 아이들은 커서 자기도 애비가 되기 전에는 결코 아비를 이해하지 못한다는 사실을 통찰하라.

어린 자식이란 어리석어서 애비를 잘 이해할 수도 없고 하고 싶지도 않은 것이 오히려 당연하다.

만일 아들이 자라 드디어 아비의 마음을 이해하게 되었다면 그 자체가 바로 부자간의 성공을 증명하는 생생한 감동이다.

제2계명 : 자식을 대할 때는 말과 행동에 일관성을 갖추어라.

그러면 아이 또한 애비의 장점을 닮거나 아비의 약점을 버리는, 둘 중 하나의 분명한 태도를 갖게 된다.

제3계명 : 훈육 중 아들이 받게 될 상처를 두려워하지 말라.

상처야말로 성장의 주요한 동인이다. 상처가 없는 열정은 하룻강아지의 재롱이요. 모래로 쌓은 성(城)일 뿐이다.

제4계명 : 자식에게 인내심(忍耐心)을 가르칠 자신만의 방법을 반드시 찾아내라.

초생에 중요한 것은 고난과 도전 그리고 열정인데, 일단 참아내야만 눈이 떠지고 비로소 주변이 보이기 시작한다. 샤워실의 바보가 되지 않기 위해서는 더운물이 나올 시간이 필요하다. (☞ 샤워실의 바보 참조)

제5계명 : 애비는 결코 자식의 친구가 아니다. 그러나 아이는 필경 어른이 된다는 사실을 잊지 마라.

자식에게 다가서더라도 위엄을 갖추어라. 최고의 스승이자 나를 가장 사랑하는 이가 위엄을 갖출 때, 자식은 그만큼 그 기회를 소중하게 생각한다.

친구가 되지 못해 안달하는 애비처럼 불쌍한 존재는 없다. 아들이 제대로 모르는 채로 성장하지 않도록 충분한 설명을 하려고 노력하라

제6계명 : 아버지는 언제나 자식들에게 신비로운 존재여야 한다.

가솔에게 드러내지 않고 그들이 끝까지 궁금해하는 자신만의 비밀 하나가 있어서 세월이 지나고 나서 겨우 이해한다면 애비는 죽어도 자식들의 가슴 속에 영원히 살아있는 것이다.

훌륭한 애비는 죽어서 남은 가족과 후손들에게 신(神)으로 기억된다.

제7계명 : 아비가 아이의 재능보다는, 자식의 꿈과 어진 성품을 더 사랑한다는 것을 어릴 때부터 확실히 아이의 마음에 새겨두라.

파멸의 법칙 곱하기 제로: 덕을 쌓지 않고 탐욕이 노력을 넘어서면, 언제든 모든 것을 한 번에 잃게 되는 곱하기 제로의 운명이 닥친다. (☞ 곱하기 제로의 법칙 참조)

제8계명 : 아버지는 전통을 계승하는 존재다.

애비는 장구한 인류역사의 대변자이자 역사 그 자체이다. 애비는 계승하여 새로운 전통을 창조하는 존재이다. 애비는 곧 먼 훗날의 조상일 뿐 아니라, 반성하는 과거 선조(先祖)의 환생이기도 하다.

전통을 훌륭하게 계승한 애비는 존경의 대상이 된다. 아이는 이런 애비를 자연스럽게 배우고 따른다.

제9계명 : 아버지는 가정을 넘어선 사회적 존재이다.

따라서 자식들은 나의 자식이기 이전에 사회의 자식이다. 또한 애비는 내 아들의 애비이면서 또 사회의 애비로서 의식을 키워나가야 한다.

제10계명: 모든 소통의 기저에 마땅히 사랑이 있어야 함을 명심하라.
엄격함도 위엄도 사랑이 없으면 그저 빈껍데기일 뿐, 잘 키움이 무슨 소용이 있겠는가?

샤워실의 바보

뜨거운 물을 틀어도 처음엔 찬물이 나오는데 더운물을 기다리지 못하고 자꾸 꼭지를 돌리다가 훨씬 뜨거운 물이 나오면 급히 찬물을 튼다. 그럼 또 한참 뒤에 아주 찬 물이 나오고……

이것을 반복하는 것을 비꼬는 말이다. 인내심이 없는 경솔한 사람의 행동을 빗대는 말이다. /필자 주

곱하기 제로의 법칙

인생을 살면서 눈앞의 이익에 따라 움직이다 보면 곧 닥칠 재앙에 대한 대처가 전혀 없다. 더하고 곱해지는 재산의 증식에 흐뭇해하다가도 탐욕의 끝에 반드시 존재하는 재앙을 만나면 속수무책으로 허망한 결과를 낳게 된다.

해결책은 겸손과 덕이니 성공하고 나서 사람이 변하는 것을 반드시 곱하기 제로를 초래하는 어리석은 행위이다. /필자 주

118

05 사람이란 무엇인가? 두 번째

무한(無限)이 인간(人間) 속에 깃들다.

"진실로 나는 어찌 이토록 위대한 부유함이 이토록 지독한 빈곤함 속에 거하게 되었는지 불가사의하게 생각하노라."　− 예수

中	本	衍	運	三	三 삼	一	盡	一
天	本	萬	三	大	天	三	本	始
地	心	往	四	三	二	一	天	無
一	本	萬	成	合	三	積	一	始
一	太	來	環	六	地	十	一	一
終	陽	用	五	生	二	鉅	地	析
無	昻	變	七	七	三	無櫃化 무궤화	一	三
終	明	不	一	八	人		二	極
一	人	動	妙	九	二		人	無

직역: 틀 없는 것이 삼(三)이 되었다.

인간의 탄생과 조화의 시작, 사람 속에 신(神)이 들어있다.

신(神)난다는 말은 내 안에 갇혀있던 신(神)이 드러나는 것이다.

모든 인간의 내면에 태어날 때부터 신성(神性)이 깃들어있다는 이 어마어마한 진리를 예수는 다음과 같이 설명한다.

> 1 예수께서 가라사대, "육신이 영혼으로 인하여 태어났다면, 그것은 기적이로다. 2 그러나 영혼이 몸으로 인하여 탄생했다면, 그것은 기적 중의 기적이로다. 3 그러나 진실로 나는 어찌 이토록 위대한 부유함이 이토록 지독한 빈곤함 속에 거하게 되었는지 불가사의하게 생각하노라." - 도마복음 29장 1~3절 (주(註): 위대한 부유함은 하늘이요, 지독한 빈곤함은 사람의 육신과 육신에 깃든 오욕칠정과 같은 감정을 뜻함)

한 생명 즉 "無"가 가지고 있는 의식의 특징이자, 인간 의식의 궁극적 지향점을 설명하는 구절이다. 지금껏 아무도 이 무궤(無櫃)에 대한 뜻을 갈파한 자가 없었기에 이 자리를 빌려, 다시 한 번 강조하고 싶다.

무궤(無櫃)란 글자 그대로 틀이 없음이며, 이것이 삼(三 : 사람)이 되었다는 것이다.

그럼 이 무궤가 무엇일까? 바로 조물주인 무(無)의 성질을 은유하는 말이다.

틀이 없다는 것은 무한(無限), 무정형(無定形), 무소부재(無所不在) 등등을 모두 포괄하는 개념으로 사실상 조물주(造物主) 자신을 가리킨다.

  기독교 성경의 창세기에는 적혀있는 내용은, 비슷하지만 훨씬 격이 떨어지는 창조신화를 담고 있다. 이를 요약하면 '유대의 신 여호와가 흙으로 인간의 형상을 빚어 자신의 숨/생명을 불어넣음으로 살아있는 인간을 창조했다.'는 것이다. 다시 말해서 여호와라고 하는 神이 인간이라고 하는 또 하나의 개체를 흙이라고 하는 여호와 바깥에 있는 물질(흙)을 가지고, 인간 형태의 조소상을 만든 다음, 자신의 숨을 불어넣어서, 인간이 드디어 숨을 쉴 수 있도록 호흡기능을 부여했다.' 는 것이다.

  그러나 이 신화 속 인간 창조방법은 천부경의 인간탄생 이야기와는 차원이 한참 다른 열등(劣等)한 방법이다. 왜냐하면, 인간조차 자손을 만들 때, 이런 바보 같은 방법을 쓰지 않는다. 그냥 생식기를 써서 남성의 씨와 여성의 알을 합치기만 하면, 저절로 생명이 생기고 나머지 형태는 자동으로 만들어진다. 즉 이미 인간이 될 수 있는 생명 자체인 씨를 성인(成人)의 몸에 갖고 있어서 이것이 합쳐지면, 인간의 몸 안에서 생명은 저절로 깃들기 때문에 열 달이 지나 저절로 빚어지면, 이제 태어나기만 하면 되는 것이다.

  구약의 인간 창조신화는 당대 유대인들의 유치한 지식을 바탕으로 조잡하게 상상한 것일 뿐이다. 구약에 나오는 여호와의 신성(神性)과 권능이란, 그를 상상해낸 당시 유대인들의 의식 수준을 절대로 넘어 설 수 없는 것 아닌가? 그것이 바로 실제가 아닌 상상(想像)해온 신(神)의 한계이리라.

그런데도 오늘 이 무궤(無櫃)라는 말의 위대함을 설명하려면, 이 오래된 구약성경의 인간 창조신화를 인용하는 것이 효과적이다.

살펴보자.

"신이 숨을 불어넣을 수 있다. 그리고 그 숨을 흙이 받아들였다."는 이 얘기는 그 숨과 흙은 애초부터 본질이 같은 의미라는 것이다.

그렇지 않으면 흙은 숨을 받아들일 수가 없다.

무슨 말인가?

예를 들어서 음식을 섭취하여 소화를 시켜, 에너지를 얻는 것도 인간의 중요한 생명유지 방법이다.

그런데 인간이 음식을 먹어 소화 시킨다는 이야기는 이 음식 속의 원소와 같은 원소를 이미 인간의 몸속에 갖고 있다. 라는 뜻이다.

실제로 생리학자들의 설명에 의하면 인간의 몸의 성분은 흙과 원소가 같고, 인간의 체액의 원소는 바닷물과 같다. 어찌 되었든 음식을 먹어 원소를 분리해서 체내에 동화하려면 몸에 같은 원소를 가지고 있어야 한다. 식물이 땅에 심어서 싹이 나는 것은 흙과 물과 햇볕과 공기에 들어있는 물질이 식물 속에 이미 존재하고 있으로 동화하는 것이고, 또 사람이 죽어서 흙으로 완전히 돌아가는 것 또한 그런 사실을 증명한다.

미생물이 사람을 분화시키면 사람 속에 있는 물질이 그대로 흙으로 변할 수 있는 것도 사람과 흙의 화학적 구성 성분이 애초에 같기 때문이다.

다시 말해서 神이 인간을 창조한다면, 한 생명(神) 그 자신이 인간으로 변화할 수밖에 없다. 그 사실을 설명하는 것이 바로 무궤화삼(無櫃化三)이다.

한 생명 바깥에는 어떤 생명도 존재하지 않고, 생명 바깥에 따른 공간이라는 것도 애초에 존재하지 않는다. 만약에 그러한 공간이 신의 외부에 존재한다면, 그 공간은 지금 말하고 있는 신과는 별도로, 그 신과 그 환경을 창조해낸 더 높은 차원의 신(神)이 따로 더 존재한다는 것을 말하는 명백한 모순이기 때문이다.

그러므로 그것을 신으로 부르든 한 생명으로 부르든 우리가 상정한 그 조물주는 사실은 별도의 공간에 존재하는 것이 아니라, 이 현공(玄空)/한 생명 그 자체와 같은 존재일 수밖에 없는 것이다.

결론적으로 한 생명은 하늘인 동시에 땅이며, 동시에 인간이다.

다시 말해 생명은 "無"이며 동시에 "一"이다.

천부경은 그 생명과 유일하게 의식을 주고받을 수 있는 존재를 삼(三) 즉, 사람이라고 분명히 적시하고 있다.

다만 의식의 측면에서 볼 때, 무(無)란 한 생명의 의식이며, "삼(三)"이란 인간의 의식이다. 따라서 이 무궤화삼(無櫃化三)이라는 것은 또, "무(無)"라는 한 생명의 틀 없는 의식으로부터, 인간의 의식(오욕칠정)이 생겨난다는 말이며, 여기에서의 삼(三)은 당연히 "天一一, 地一二, 人一三"의 삼(三), 바로 인간을 의미하는 것이다.

한국의 유학이 오늘날 급격히 쇠퇴한 이유

유교(儒敎)는 주자(朱子)의 잘못된 중용해석(中庸解釋)때문에 망조가 들었다.

사람마다 변화의 계기가 꼭 한 번 이상은 있다. 나에게 그 기회는 마치 우연처럼 찾아왔다. 2006년의 어느 날 우연히 삼성출판사에서 주관하는 고전 강습회에서 도올 김용옥의 스승인 고(故) 김충렬 교수에게 중국현대철학사를 들을 기회가 있었다.

단 한 번의 짧은 만남, 바로 그날 밤, 나의 의식은 완전히 깨어나 버렸다.

중용에는 그 유명한 맨 첫머리 3구, 이른바 수삼장(首三章)이 있다.

　天命之爲性(천명지위성),

　率性之爲道(솔성지위도),

　修道之爲敎(수도지위교)

　지금껏 우리는 시중에 널리 알려진 주자의 잘못된 중용(中庸)해석에서처럼, 천명지위성(天命之爲性 : 일반적으로 '천명/하늘의 명령'을 본성(本性)이라고 한다.'라고 해석하고 있다.) 이라고 하여, 인간의 "유한성"을 미리 확정(確定)해 놓고, '하늘은 절대적이고 무한한 존재이며 사람은 하늘의 피조물 즉 종(從)이므로, 사람은 마땅히 하늘의 명령을 받아야 한다.' 라고 하는 답답한 인식의 시대를 살아왔다. 이 해석은 당연히 틀렸다.

　올바른 해석이라면, "천명(天命)은 하늘의 명령이 아니라, 하늘의 생명(生命/生理)으로 바꾸어서 하늘의 생명(生命)을 곧 성(性)이라고 한다."라고 해야 한다.

　그래야 바로 뒤따르는 글, 솔성지위도(率性之爲道)가 "하늘의 생리 즉 본성/생명을 따르는 것을 도(道)라고 한다." 라고 하여 '도(道)를 닦는 목적은 하늘의 본성을 깨닫고 따르는 것'이라는 해석이 자연스럽게 나오는 것이다.

　이때 도(道)는 글자 그대로 견성(見性)으로 이르는 길이자 내비게이션이다.

마지막 말은 수도지위교(修道之爲敎)인데, 완전한 깨달음에 이를 때까지 지속해서 올바른 도(道)를 찾는 것에 노력하고 정진하는 것이 바로 교육, 즉 학문(學文)이라는 것이다. "그래서 어쩌란 말인가?"라고 묻는다면, 답은 이렇다.

'유학(儒學)의 목표는 배움이 아니라, 본성(本性)의 깨달음'이라는 말이다.

그런데 한국의 유학은 깨달음이 아니라, 끝없는 공부, 즉 암기에만 몰두했기 때문에 공자의 이 위대한 깨달음을 기록한 손자 자사(子思)의 집필의도를 하나도 이어받지 못한 것이다. 따라서 모든 것이 경직되고 교조화되어 미라처럼 말라 비틀어져 버린 유교가 발랄한 한민족의 하늘 사상을 이토록 왜곡시킨 결과가 조선 시대를 거친 오늘의 참담한 유학의 현실이다. 만일 앞으로 천부경의 하늘 사상이 이 공자의 중용사상(결단코 논어가 아니다.)과 제대로 결합한다면, 한국의 유학이 접화군생의 본성(本性)을 회복하여 전 세계의 유학을 새롭게 탈바꿈시킬 것이고 비로소 공자는 하늘에서 미소를 되찾을 것이다.

그러나 오늘날의 한국인은 원전인 천부경으로부터, 인간의 본성에 대한 새로운 비밀을 직접 전달받고 있다.

이 비밀은 다음과 같다.

"인간은, 하늘과 땅 사이에 존재하는 천지(天地)와 동등한 존재이며, 한 생명(生命)의 무한한 전체의식이 유한한 육신(肉身)으로 들어와 육화(肉化)된 기적의 존재이다.

인간이 태어난 목적은 물질의 세계에서의 모든 제약을 극복하고 본성(本姓)인 무궤(無櫃)로 되돌아가는 것이며, 인간은 또 유한한 육체에 갇혀 살아가면서도 속에 있는 무한을 끊임없이 인식하면서, 살아가는 고귀한 존재이다."

깨달음의 비밀

깨달음은 신(神)나는 것이다.

그렇다면 인간이 다시 조물주의 의식인 무궤(無櫃)로 돌아갈 방법이 있는가? 있다면 과연 무엇인가?

물론 있다. 그 방법이란 바로 육(肉)을 입은 과정을 역순으로 밟는 것이다.

즉, 무궤화삼(無櫃化三)으로 육신(肉身)을 입었으므로, 삼(三)을 도로 벗어버리면 될 것 아닌가?

말했듯이 삼(三)이라고 하는 것은 바로 오욕칠정과 같은 인간의 의식 즉 아상(我相)을 말하므로 이를 벗음으로써 우리는 간단히 본연의 의식인 무궤(無櫃)로 돌아갈 수 있다. 이 엄청난 비밀은 엉뚱하게도 한민족의 일상적 언어체계 속에 숨어있었다. 그것은 바로 "신(神)난다!"인데 이 신난다는 것 무엇이냐 하면, 사람 안에 갇혀 있던 신이 도로 튀어나온다는 말인데, 이것은 바로 사람이 무궤 (無櫃), 즉 신(神)의 의식으로 되돌아간다는 뜻과 같다.

깨달음의 수학적 등식(等式)

깨달음은 간단한 수학적 등식으로 표현할 수가 있다.

첫째가 1-1=0이며, 의미는 "자기 자신을 잃어서 얻어지는 무한의 세계"

이제 우리는 천부경의 이 구절로부터 무한한 세계에 이르는 깨달음의 방법을 간단한 뺄셈과 곱셈의 등식으로 표현할 수가 있게 되었다.

"일(一)이 무(無)에서부터 시작됐다"라는 말은 수학적으로 표현하면, "1은 0에서부터 시작됐다."라는 것이다. 아시다시피 0은 자연수가 아니다. 즉 현실에서 실물로 존재하지 않으며 생각으로만 존재하는 숫자이다. 하지만 "우리가 알고 있는 모든 물질세계는 無라고 하는 양자의 세계에서부터 비롯되었다."라고 하는 명제가 "참"이라고 증명되어있기 때문에, 이제까지 一의 결여상태(1-1=0)로 알려졌던 "0", 다시 말해 같은 것에서 같은 것을 빼면 아무

것도 남지 않는다는 의미에서의 "0"의 개념이 여기서는 자연수 1을 낳는 무한한 생명을 가진 모든 것의 어머니로서의 0으로 새롭게 자리매김할 수 있게 되는 것이다.

또 이 "0"이라고 하는 것은 대단히 철학적이며, 관념적인 숫자로서 아무것도 없다고 이해하게 되어있는 숫자가 아니라, 허공과 이 세상을 가득 채우고 있는 무한한 양자를 가리키는 만공(滿空)의 개념으로 이해하여야 한다.

사실상 그것은 일의 결여가 아니라 무한의 개념이다.

따라서 "1−1=0"이라고 하는 평범한 등식조차도 이제는, 1을 자기 자신으로 생각해 본다면, 1−1은 곧 자기를 잃는다는 개념으로 이해할 수 있으며, "1−1=0"이라는 식은 곧 자기 자신을 잃어서 얻어지는 무한의 세계라는 개념을 표현하는 등식이 되는 셈이다.

잊지 말자!

"나를 잃으면 내가 없어지는 것이 아니라 무한으로 변하는 것이다."

둘째가 1×0=0, 의미는 "의식을 무한히 확장해 얻어지는 무한의 세계"

이번에는 1에다가 0을 곱해보면 어떻게 될까?

"1×0=0"이라고 한다면 여기의 0을 무한으로 보았을 때, 무한

히 곱한다는 것은 곧 앞의 숫자가 무의미해지는 순간이 된다. 무
한히 곱한다는 것은 무한히 그 의식을 확장해 가는 개념이고, 곱
하기 전 숫자(현실 세계)가 무엇이든 간에 무한이라는 개념이 가해
지는 순간, 그것은 곧 무한(無限)의 세계, 즉 무(無)의 세계에 진입
(進入)한다는 것이다.

잊지 말자. "나에다가 무한의 개념이 가해지면 혼란이 오는 것
이 아니라, 나라는 경계 자체가 무한으로 확장되는 것이다."

이것으로 우리는 무(無)의 세계로 진입하는 두 가지 공식을 얻
었다.

즉, 자기 자신을 잃어 무(無)가 되던가, 또는 의식의 경계를 무
한히 확장하던가, 이 두 가지의 방식이 있는데, 표현은 다를지라
도 이 둘은 같은 뜻이다.

죽어도 삼세번! 삼(三)은 변화(變化)의 숫자이다.

여기서 하나 더, 무궤(無櫃)가 삼으로 변했다는 것은, 삼(三)이
인간을 가리키는 것 변화의 숫자를 의미하기도 하는데, 한국인의
의식 속에는 모든 시도는 삼세판, "한번 두 번은 용서해도 세 번은
용서가 안 된다."라든지 두 번 실패해도 마지막 세 번 만에 성공하
는 이야기들이 즐비하다.

한국인에게 三은 새로운 변화와 반전이 일어나는 운명의 숫자이며, 일(一)의 變化된 모습이자 一의 用(움직여 쓰이는 형태)이라는 매우 다이나믹한 의미를 갖는다. 그러므로 실패해도 삼세번은 채워라, 삼세번에는 반드시 성공이 온다. 그리고 마찬가지로 같은 성공은 두 번 이상 없는 것이다.

세 번은 또 반전의 숫자이기도 한 것이다.

이 구절은 현상계(색계)의 조화가 인간으로부터 본격적으로 시작된다는 뜻이다.

그럼 지금부터 이 세계의 본격적인 변화는 어떻게 전개되는지를 흥미진진하게 살펴보도록 하자.

세당(世堂)의 역

무한한 한 생명(신)이 유한한 인간으로 변하였도다.
따라서 사람 속에는 무한히 깃들어있나니,
인간의 탄생과 오욕칠정의 변화가 이 세상에 깃들어,
비로소 세상이 움직이기 시작하느니라.

06 우리가 살고 있는 세계의 속성은 이러하다. 첫 번째

복잡계(複雜界 : 자연과 인간의 복합적 생태계와 모든 현상)의 밑그림이
그려지다.

				三삼	三	一	盡	一
中	本	衍	運	大	天 천	三	本	始
天	本	萬	三	三	二 이	一	天	無
地	心	往	四	合	三 삼	積	一	始
一	本	萬	成	六	地 지	十	一	無
一	太	來	環	生	二 이	鉅	地	析
終	陽	用	五	七	三 삼	無	一	三
無	昂	變	七	八	人 인	匱	二	極
終	明	不	一	九	二 이	化	人	無
一	人	動	妙					

직역 : 하늘도 둘로써 三이요, 땅도 둘로써 三이며, 사람도 둘로써
三이로다.

드디어 이 현상계가 움직이기 시작했다. 여기에서 天, 地, 人은 문자 그대로 하늘, 땅, 사람으로 해석할 수 있으며, 天二三의 二라고 하는 것은 하늘이면서도 그 하늘 속에 있는 두 가지의 상반된 성질을 이야기한다. 이것을 음양(陰陽)이라고 불러도 좋다. 야구로 말하면 투수와 포수 즉 배터리의 탄생이다.

하지만 본질적인 것은 두 가지의 상반된 성질이다. 이를테면 하늘 입장에서는 밤과 낮 즉 천체의 운행을 말하며, 인간의 육신이자 인간의 환경이 되는 地에서는 水 陸(바다와 육지), 사람(人)에 있어서는 당연히 男과 女를 말한다. 하늘은 밤과 낮으로서 순환하고, 땅은 바다와 육지로서 순환구조를 이루고, 사람은 남과 여로서 가장 기본적인 커뮤니케이션 관계 즉 가족이라는 관계가 형성된다.

그런데 여기에서 天二三의 三이라고 하는 것은 나중에 따로 설명하겠지만, 변화와 조화의 三이다. 그리고 그 三은 곧 인간이다. 인간은 변화와 조화의 일꾼(Agent)이자 천지의 쓰임(用)이다.

지이삼(地二三)는 세상을 만드는 바탕이며 환경이다.

이 바탕(땅/地)은 곧 바다(海)와 땅(흙)으로 나뉜다.

바다와 땅은 또 인간 몸을 이루는 바탕이기도 하다.

생리학자들의 말을 인용하면 사람의 몸을 분석해보면 고형분은 모두 흙/땅 성분이고, 체액은 바닷물과 같다고 한다.

사람의 몸 자체가 곧 그가 살아가는 환경(바다+땅)인 셈이다.

환경이 땅과 바다로 분리됨은 곧 합쳐서 사람(三)이라는 생명의 형태로 변하여 새롭게 쓰이기 위함이다.

그래서 하늘은 밤과 낮으로 서로 用을 이루고, 땅은 바다와 육지로서 用을 이루고 사람은 남과 여로서 用을 이룬다.

이것은 일부러 구분하려는 것이 아니라, 단지 순환과 조화를 위해서 서로가 다른 역할을 맡은 것뿐이다. 즉 두 개로 구분되는 것처럼 보이지만 변화하면서 각자의 역할을 맡음으로써 뒤에 나오는 하나의 복잡하고 다이나믹한 거대 network를 이루며 크게 요동치기 시작한다.

소위 이 세상을 달리 말하는 복잡계(複雜界)의 토대를 이루는 것이다.

세당(三·堂)의 역

하늘은 낮과 밤으로 역할을 맡아 서로 순환하고, 땅은 육지와 바다로 각자의 역할을 맡아 순환하며, 사람은 남자와 여자로서 해야 할 역할을 맡아 순환하므로 각각의 기초적인 관계를 형성하며 서로 작용하는 하나의 생명체로써 거대한 토대 즉, 복잡계(複雜界)를 이룬다.

07 우리가 살고 있는 세계의 속성은 이러하다. 두 번째

이 세상(複雜界)의 탄생(誕生)

中	本	衍	運	三	大	三	一	盡	一
天	本	萬	三	三		天	三	本	始
地	心	往	四		合	二	一	天	無
一	本	萬	成		六	三	積	一	始
一	太	來	環		生	地	十	一	一
終	陽	用	五		七	二	鉅	地	析
無	昂	變	七		八	三	無	一	三
終	明	不	一		九	人	匱	二	極
一	人	動	妙			二	化	人	無

(세로 강조: 大三合六生七八九 / 대삼합육생칠팔구)

> 직역 : 큰 三이 합쳐 六이 되고 六에서부터 七, 八, 九가 차례로 만들어진다.

대삼합육(大三合六) 원시 지구환경의 탄생/컴퓨터의 HARDWARE
와 같다.

이 大三을 天一, 地二, 人三을 합한 것으로 이해할 수도 있겠
지만, 大三이라고 굳이 이야기 했다는 것은 이것이 처음에 나오는
天一, 地一, 人一 합 3과는 확실히 구분하겠다는 의미이다.
이전의 天一, 地一, 人一의 합은 이를테면 小三이라고 할 수 있다.
이것은 최초의 일, 원소 하나하나의 알갱이, 즉 이 우주의 원형
질을 가리키는 말이다.
이것이 크게 하나의 형태를 보이기 위해 天二, 地二, 人二 즉
하늘이 둘로 나뉘고 땅이 둘로 나뉘고, 사람이 둘로 나뉘어 다시
합쳐진다.

육(六)은 큰 삼(三)이고 세상의 기본골격이다.
그래서 천부경에서는 육을 특별히 큰 삼이라 부른다.
그래서인지 우리 눈에 잘 안 보이는 미시구조에 유독 6각형이
많다.
눈의 결정구조와 물 알갱이의 안정된 구조도 그렇다. 유기화학
의 기본인 벤젠링의 구조도 육각이다. 뿐인가? 벌집 구조와 거북
의 등껍질 무늬도 육각이다. 자연계의 결정(結晶)과 곤충의 건축물

등이 안정된 것은 죄다 육각이다. 곤충이나 물이 창의적으로 그런 구조를 개발할 리가 없으니 최초의 무(無)에서 비롯된 일(一)의 발전과정에서 본질에서부터 자연스럽게 형태가 만들어진 것이다.

우리가 알고 있는 삼원색(三原色)도 실은 내면을 보면 육색(六色)을 가진다.

빨강은 흰색과 붉은색, 파랑은 청색과 검정, 노랑은 노란색과 녹색이 각각의 짝이며, 그 생명력의 정도에 따라 변한다.

예를 들어, 태양이 지극히 빛날 때는 흰색, 저물거나 떠오르는 변화의 색은 붉은색이다.

땅의 속살은 노랗지만 깃든 생명으로 변화가 충만한 땅은 연둣빛이다.

물의 본색은 검정이지만 생명으로 충만한 변화의 색은 푸른 청색이다.

삼생론도 속을 들여다보면 6생이다.

초생의 귀천은 소위 흙 수저(귀(貴) : 흙 수저가 귀한 것이다)와 금수저(천(賤) : 초생은 재벌이 가장 천하다)요.

중생의 귀천은 깨달음(귀(貴))과 탐욕(천(賤))이며,

노생의 귀천은 베풂(귀(貴))과 집착(천(賤))이라.

이 두 가지 요소들은 대립하고 이해하면서 서로에게 타산지석이 되는데, 이 타산지석이야말로 나의 내면에 깃든 신성을 깨우는 또 다른 강력한 수단이며, 또 다른 세인트 어드바이스이다.

합(合)은 건축(建築)과 조화(造化)의 의미이다.

이 합은 융합이 아닌, 각자의 개성과 활동을 보장하는 조화의 의미이다.

오늘날의 현상계가 만들어지는 기초적 구조 속에 천지인이 들어 있다는 말이고 이는 곧 기저에 깔린 무(無)의 존재를 상기시킨다.

여기서 大三合 六의 六이란 곧 六合인데, 이는 동서남북과 상하를 합친 여섯 방위이므로 입체적, 환경적 의미의 온 세상이 건축됨을 말한다.

天의 두 요소, 地의 두 요소, 人의 두 요소를 크게 합한 것으로서의 각자의 개성과 작용을 인정하는 큰 틀의 대통합이며, 이것이 바로 최초의 환경 즉, 원시지구 또는 원시우주의 탄생이다. (여기에서의 사람(三)은 모든 생물을 대표하는 의미이다.)

138

생칠팔구(生七八九) 이 세상의 운행체계(運行体系)/소프트웨어의 탄생

운영체계(運營體系)는 육합에 각각 천지인(天地人)이 하나씩 더해져 활성화된 것이다.

뒤의 七, 八, 九라고 하는 것은 이 원시지구 또는 원시우주(六)에다가 天一, 地二, 人三을 차례로 보탠 것이다.

이렇게 각각의 상징 수를 보태면, 그 숫자는 그 보탠 수가 상징하는 고유의 성질을 더욱 강하게 띠게 된다. 예를 들어 육에다가 하늘의 수를 하나 더 보태면 칠정(七政)인데 이것은 실질적인 하늘의 운행 법칙이다. 이렇게 하늘의 법칙, 땅의 법칙, 사람의 법칙이 완전하게 구동하기 시작하고, 여기에다가 시간이 더해지면 기억과 경험이라는 것이 생기므로 사물의 실질적 변화와 변화의 궤적(역사)이 더해진다.

이것이 바로 현재의 복잡계, 즉 우리가 경험하는 이 세상이 만들어진 과정이다.

칠정(七政), 팔괘(八卦), 구궁(九宮)이라고 이름을 붙이든, 또는 다른 그 무엇으로 이름을 붙이든 간에 다만 우리는 칠이라고 하는 것은 육의 기초 위에 하늘이라고 하는 성질이 새롭게 얹어지는 이미지로 이해하면 된다.

그리고 팔(八)이라고 하는 것은 원시 지구(六) 위에다가 땅이라고 하는 개념이 새롭게 더 얹혀서 강조된 것이고, 九라고 하는 것

은 원시 지구 위에다가 사람(三)이라고 하는 특성이 더 얹어진 것이라고 이해를 하면 된다.

결과적으로 칠(七)은 현실적 하늘의 운행, 팔(八) 현실적 땅의 환경, 구(九)는 현실적 사람의 운명을 상징한다.

이 모든 양자론에 입각한 현대적 우주관이 고대 한국인들에게 완벽히 전해 내려오고 있었다는 것은 실로 경이 그 자체이다.

그렇게 해서 만들어진 것이 복잡계, 즉 오늘날 우리가 사는 이 세상인 것이다.

세당(世堂)의 역

天의 두 요소, 地의 두 요소, 人의 두 요소가 큰 틀의 대통합을 이루어, 원시지구와 우주(六)가 탄생하였으니, 이 세상의 토대가 만들어졌고 여기에 각각 일(一), 이(二), 삼(三) 즉 하늘, 땅, 사람의 성질들이 더해진 것이 하늘의 운행법칙(七)과 땅의 실질적 환경(八) 그리고 사람의 현실적 운명(運命) 구(九)라는 세 가지 법칙들이 생겨나서 서로 정교하게 얽혀 운행함으로써 지금 우리가 사는 이 세상 즉, 모두가 모두에게 서로 영향을 주고받는 복잡(複雜)계가 완성된 것이다.

08 시간(時間)이란 무엇인가?

시간(時間)의 탄생(誕生) : 열 둘(十二)이면 순환한다.

中	本	衍	運	三	三	一	盡	一
天	本	萬	三	大	天	三	本	始
地	心	往	四	三	二	一	天	無
一	本	萬	成	合	三	積	一	始
一	太	來	環	六	地	十	一	一
終	陽	用	五	生	二	鉅	地	析
無	昻	變	七	七	三	無	一	三
終	明	不	一	八	人	匱	二	極
一	人	動	妙	九	二	化	人	無

(運三四成環五七 / 운삼사성환오칠)

직역 : 三을 운행하니 四가 이루어지고 五七이 고리(環)를 이룬다.

시간의 탄생(時間의 誕生)

분명한 것은 三은 변화하고 움직이는 것이고, 이 운(運) 또한 움직이는 것이므로 삼(三)을 움직인다 함은, 삼(三)이 드라이빙 즉, 궤도나 길을 따라 운행한다는 의미인데, 이것은 행성이 궤도를 따라 운행하는 것을 가리킨다.

四라는 숫자의 의미는 크게 동서남북이라고 하는 공간성 또는 봄, 여름, 가을, 겨울이라고 하는 사계절 즉 시간성을 설명하는 것인데, 동서남북이라고 하는 것은 움직여서 이루어지는 것이 아니고, 가만히 서 있어서 정해지는 것이다. 따라서 삼(三 : 해, 달, 별)이 움직여서 만들어지는 사(四)는 봄, 여름, 가을, 겨울 사계절밖에는 없으므로, 사성이란 봄, 여름, 가을, 겨울의 시간 변화로 볼 수밖에 없다. 그렇다면 운삼(運三)할 때의 三은 시간을 이루는 움직임의 三이므로, 태양, 달, 지구, 이 셋으로 보는 것이 가장 타당성이 있다.

따라서 "태양과 달과 지구가 운행하여 사계절이 생긴다."라고 하면 무리가 없다. 五 七이 環을 이룬다 할 때, 이 五七을 각각 오행과 칠정으로 이해를 할 수 있다. 일단 五와 七이 합해지면 12이라는 숫자가 되는 데에 주목할 필요가 있다.

이 12라는 것은 바로 12간지, 12개월이라고 해서 사계절보다 더 자세한 월력 즉 1달이라는 단위를 만들어내고, 이는 12를 한 단위로 보아 1년이라는 공전주기를 정의하는 것이다. 일 년은 12개월이라는 법칙이 만들어지고 여기에 낮과 밤, 즉 하루라는 개념을 추가하면 이것으로 오늘날 현대인이 쓰고 있는 달력이 완성되는 것이다.

이것은 시간과 절기와 달력에 대한 설명으로 보면 손색이 없다.

처음 인간이 가장 먼저 사계절을 의식하기 이 전에, 가장 먼저 인식하는 것이 낮과 밤일 것이고 태양과 달이라는 것은 각각 낮과 밤의 상징이다.

원시시대 최초의 인간 의식은 시간을 인식하는 데 있어서 가장 먼저 자기가 살고 있는 이 땅과 낮/해, 밤/달을 경험하지 않을 수가 없고, 동시에 이에 대한 의미를 부여하지 않을 수가 없다. 따라서 인간이 그것을 보고 주기적인 시간의 도래를 예측하고 정하는 단위로 삼는 것은 너무 당연하다.

그리고 시간이 지남에 따라 봄, 여름, 가을, 겨울이라고 하는 사계절을 인지하게 된다. 이는 생존과 관련된 중요한 지식(知識)이다.

살펴보면, 시간과 절기와 일 년의 변화를 인지하려고 하는 인간의 인식과정 역사 자체가 이 구절(句節)에 그대로 투영(透映)되어

있다.

그리고 환(環)이라고 하는 것은 반지, 열쇠고리 등과 같이 완전한 폐쇄 고리를 말하는 것이며, 이것은 쳇바퀴를 돌듯 일정한 주기를 두고 같은 일이 거듭되는 것을 말한다.

이것을 다르게 해석하면, 운삼사성(運三四成)도 오칠(五七)도 환(環)을 이룬다고 이해할 수 있으며, 그 뜻은 해, 달, 지구의 상호작용으로, 사계절과 12개월이 주기적으로 순환되는 법칙을 의미한다.

왜 환육육(環六六, 6+6=12개월/1년)**이 아니고, 환오칠**(環五七) (5+7=12개월/1년)**인가?**

원자(原子)는 핵(核)과 전자(電子)로 이루어져 있다. 여기에 전자를 하나 잃으면 마이너스 즉, 음전하를 띤 음이온이 되고, 반대로 하나를 얻으면 플러스 즉 양전하를 띤 양이온이 된다. 무릇 원자는 활성화하여 서로 전기적 극성을 띠는 이온이 되어야, 서로를 끌어당기거나 미는 인력(引力)과 척력(斥力)이 발생한다. 활성화되어 끊임없이 움직이는 고리(環)이기 때문에, 육육이 아니라 육에서 하나가 결여된 오행(五行)과 육에서 하나가 남는 칠정(七政)으

144

로 고리를 형성하는 것이 딱 들어맞는다.

　사람의 감정(感情)도 고요하지 못하고 날뛰는 것이므로 고요하고 완전한 육에서 하나 모자라는 오욕(五慾)과 하나가 남는 칠정(七情)이 마찬가지로 고리를 이루어 다양한 개성(個性)과 운명(運命)을 만들어 휘돌아 치는 것이다.

세당(世堂)의 역

　해, 달, 지구의 운행으로 4계절이 구분되고, 다시 五七의 합 즉 12절기와 12간지 등 개개의 특성을 가진 12개의 각기 다른 시간 단위인 달의 변화로 인하여 12달이라고 하는 것이 하나의 고리처럼 계속 쳇바퀴를 돌듯이 운행함으로써 지구의 공전 주기인 시간의 순환(1년)이 일어나는 것이다.

09 사랑(愛)이란 무엇인가?

이 우주에 엄연히 존재하는 불변의 법칙 일묘연(一妙衍)!

생명의 흐름은 틈 없는 전체의식이며, 그 누구도 벗어날 수 없다.

中　本　衍(연)　運　三　三　一　盡　一

天　本　萬(만)　三　大　天　三　本　始

地　心　往(왕)　四　三　二　一　天　無

一　本　萬(만)　成　合　三　積　一　始

一　太　來(래)　環　六　地　十　一　

終　陽　用　　五　生　二　鉅　地　析

無　昴　變　　七　七　三　無　一　三

終　明　不　一(일)　八　人　匱　二　極

一　人　動　妙(모)　九　二　化　人　無

> 직역: 이 하나의 지극히 자연스러운 흐름으로 모든 것이 오고 간다.

지금까지 이 현상계가 어떻게 만들어져 왔고, 그 현상계를 관통하는 시간의 개념까지를 설명하였다. 지금부터는 "그래서 어쩌란 말인가?"라는 질문을 안 할 수 없을 것이다, 왜냐하면 우리가 만약 이 세상을 하나의 정교한 컴퓨터시스템에 비유하자면, 지금까지는 이 컴퓨터 시스템의 하드웨어와 기본 운영체계에 대하여 알아보았지만, 지금부터는 그 하드웨어를 만든 원칙과 그에 따른 소프트웨어의 운용법칙에 대해서 알아야 할 필요가 있다.

우리가 속해있는 이 우주의 운행법칙은 곧 우리의 생존과 인생의 행불행뿐 아니라 바로 우리의 생존과 직결된 문제이기 때문이다. 그리고 천부경은 그것을 이렇게 설명하고 있다.

일묘연(一妙衍)은 사랑이다.

우주는 사랑이 지배하는 단일 운영체계로 흘러간다.

결론적으로 말하자면, 일묘연(一妙衍)이라고 하는 하나의 통일된 핵심적 운영체계에 의하여 이 거대한 시스템은 운용되고 있다.

그렇다면 이 일묘연(一妙衍)이란 무엇인가?

이 묘(妙)라는 말은 대단히 재미있는 말이다. 북한에 묘향산(妙香山)이라는 산이 있다. 혹자는 아무 생각 없이 한자를 직역하여 "묘한 냄새가 나는 산인가 보다"라고 이해하는 웃지 못할 일이 가끔 벌어진다. 사실 이 묘향(妙香)의 香이라고 하는 것은 냄새가 아니라 퍼져나가는 기운(氣運)을, 妙는 진리(생명)를 말하는 것이다.

따라서 묘향산(妙香山)은 진리의 기운이 퍼져나가는 상서로운 산이라는 뜻인데, 불교적 해석으로 보면 이 산에서 수련하면 아상(我相)이 무너져 해탈할 수 있다는 뜻으로 볼 수 있다.

왜 그런가? 이 妙를 한문으로 풀면, 묘(妙)=녀(女)+소(少)인데, 젊은 여자가 아니라 여자의 젊음이다. 이것은 아름다움과 젊음이 합쳐진 단어이다.

만일 남자가 이 묘(妙)를 딱 마주치면 어떻게 될까? 한마디로 말해 妙를 만나면, 나라고 하는 아상(我相)의 틀이 무너지게 된다. 무슨 말이냐 하면, 속된 말로 "뿅가게 된다" 즉, 자기를 잃어버리는 것이다. 영어로는 "gone", 정신이 나간다는 말이다.

'내가 지금 무엇을 하고 있었는지, 어디로 가고 있었는지, 무엇을 원했는지'하는 모든 이성적 판단은 물론 집착과 망상들 따위가 다 사라져 버리고, 감춰진 본질적 생명(무(無), 공(空))이 드러나는 상태가 되는 것이다. 그것은 곧 종교적 에스터시(황홀경)이며 깨달음의 시작이다.

"나"라고 하는 의식을 천부경의 숫자로 말하면 人의 숫자 三이다. 삼은 곧 一이므로, 삼을 잃으면 일(一)도 잃는 것인데, 이 일(一)을 잃는다는 것은 곧 일(一)의 이전인 "無"가 드러나게 되는 것이다.

이 모든 일이 묘(妙)를 만나면 인간에게 발생하는 것이다.

묘(妙)란 깨달음의 촉매이자, 깨달음의 시작이다.

천부경이 말하는 "사랑"이란 무엇인가?

그런데 이 妙란 단어는 또 기독교적 용어로는 사랑에 대비되는 말인데, 이 당대의 석학이자 현대 기독교의 이론적 기틀을 그리스로만의 철학적 이상론을 동원하여 혼자 다 만든 바울도 끝까지 이해 못했던 사랑이라는 단어를 천부경에서는 단 한 줄로 定義한다.

사랑이란? "<u>아상(我相)이 사라진 인간의 내면에서 신성(神性)이 드러난 상태</u>"라고!

한국어 '사랑'은 어떻게 만들어진 말인가?

사람들은 한국어는 소리글자라며 원래부터 뜻이 따로 없거나 원래 어디에서 왔는지 도무지 알 수 없다고 한다. 내 보기에는 천하에 상상력이 부족 할 뿐 아니라, 공부 잘 안 하는 학자들이 대부분의 국어학자인 것 같다.

사실은 전혀 그렇지 않다.

'살다', '사람'과 '삶', '살림'이라는 단어가 있는데 '사랑'이 이에 무관하겠는가?

앞서 한국어 '살'이 태양, 그리고 신(神)의 고어(古語)라는 점을 설명했고 살에서 '살다'와 '삶'이 파생되었음을 알았다. 이처럼 신과 태양을 생명으로 인식되었고 신의 영원성과 일상성을 인간이 대신 흉내 내고 있는 행위를 삶이라고 이해했던 민족이 바로 우리의 조상들이었다.

그런데 이 정도의 형이상학적 이해를 가진 조상들이 사랑이란 말을 의미 없이 만들고 써왔겠는가?

그러면 여기서 사랑의 뜻도 간단히 도출해 낼 수 있다.

살에서 파생된 살암 즉, 삶/사람은 모두 종성, ㅁ 받침으로 끝난다.

사랑은 이럴 테면 살ㅇ/사랑 으로 종성ㅁ 이 ㅇ으로 바뀐 형태이다. 우리는 이미 상식적으로 ㅁ을 모방(方) 즉, 네모난 것, 땅, 펼침, 불완전으로 해석하고, ㅇ을 원(圓) 즉, 동그란것 하늘, 완전함으로 이해한다.

이렇게 놓고 보니, 사랑이라는 말의 진정한 뜻이 단박에 드러난다.

우리말 사랑의 본뜻은 인간의 삶의 완성이자, 하늘/神/살의 온전한 드러남을 말하고 이 말은 다시 좀 전에 말한 사랑의 구체적 정의 "아상(我相)이 사라진 인간의 내면에서 신성(神性)이 드러난 상태"와 정확히 일치한다.

"신(神)난다!"야 말로 한국인이 누구인지를 너무도 잘 드러내는 말이다.

한국인에게만 있는 독특한 표현으로 "神난다"가 있다.

이는 한국인들이 상태가 최상일 때, 극도의 만족을 표하며 자주 쓰는 말이다. 그런데 이 "神난다"라는 말이야말로 한국인의 유전자 속에 각인된 집단적 무의식이 저절로 드러난, 가장 한국적인 아이덴티티를 표현하는 말이며, 또한 이 "神난다"라는 말이야말로 천부경과 현대의 한국인을 하나로 묶어주는, 빠져나올 수 없는 인연 줄 같은 것이다. 천부경이 일부 식민사학자들의 헛된 주장과는 달리 절대로 위서(僞書)일 수가 없는 확실한 증거다.

이것을 사람의 혼을 빼는 매력적인 여자의 젊음에 비유하여 묘(妙)라는 문자를 선택한 사람은 정말로 멋진 사람이다.

사람은 본질에서 청춘과 아름다움 두 가지를 영원히 동경하는 존재이다.

사실상 이 두 가지는 인간이 원하는 모든 것이다. 이 "妙"에 접했을 때 사람은 오욕칠정이 지배하는 인간의 의식을 떠나, 속에 있던 "神"이 드러날 기회를 가진다.

따라서 이 신난다는 말은 바로 인간이 아무리 엉뚱한 길을 걷고 있더라도, 모든 것을 일순간에 본연의 자리로 되돌릴 수 있는 안전장치다.

필자는 "妙"를 영어로는 어찌 표현할 길이 없다. 영어에는 생명 자체에 대한 근본적인 호기심과 순식간에 인간의 의식을 벗어버리고 신의 의식이 튀어나오는 상태를 상징하는 단어가 따로 없는 것 같다.

또 한가지, 妙와 짝을 이루는 것으로 "玄"이라는 말이 있다. 이 玄와 妙가 합쳐서, 현묘(玄妙)라는 말이 만들어지는데, 玄이라고 하는 것은 단순하게 검을 현이라고 해서 정확히 "Black"을 말하는 것이 아니다.

왜냐하면, Black이라는 말에는 깜깜이라고 해서 완전한 생각 단절의 의미가 있기 때문이다. 그러나 玄이라고 하는 것은 오히려 생각이 이로 말미암아 발생하게 되는 모호함을 말한다. 한국말, "가물가물하다"에서 대표적으로 玄의 의미가 잘 표현되어 있다. 이것은 "그것인 것 같기도 하고 저것인 것 같기도" 한 모호함이다. 즉 보이는 것 같기도 하고 안 보이는 것 같기도 한 이런 모호함과 접하게 되면, 나도 모르게 의식이 몽롱하게 빠져들어 가는 묘한 흡입력을 느끼는데, 바로 그러한 상태를 일으키는 색깔을 "玄"이라고 하는 것이다. 이것 역시 "妙"처럼 "나"라는 의식을 잃게하는 동기와 찬스를 부여하기는 마찬가지다. 그러니 이 두 글자가 합쳐진 현묘(玄妙)하다는 말은 얼마나 강하겠는가? 속된 말로 "뿅가는 상태"를 말한다. 철학적인 의미로는 "나(ego)"라고 하는 의식을 잃어버린 상태의 색깔, 감각, 현상, 시간 등의 모든 상태를 묘사하는 데 쓰는 말이다.

앞에서 말했듯이 인간이란 원래 그 본성이 "無櫃" 즉, 틀이 없는 것이다. 이 무궤가 세상에 태어나 주위의 환경과 인간관계에 반응하면서 점차 '나'라고 하는 틀이 형성된다. 이 틀이 점점 굳어지는 것을 우리는 늙는다고 하고, 너무나 굳어져 의식의 유연성이 제로가 되는 상태가 바로 죽음이다.

그러나 비록 소수지만 다른 부류의 사람들은 나라고 하는 의식의 틀을 벗는다. 이는 결국 의식의 경계(border line)를 무한히 확장한다는 뜻과도 같은데, 혹자는 이를 무경계(無境界)하고 하여 깨달음의 다른 말로 사용한다. (무경계, 켄윌버) 이들은 결국 "無櫃"의 상태를 설명하는 다른 말이다. 다시 말하지만, 이 무궤(無櫃)는 태초로부터 존재하는 무(無)의 본성(本姓)이다.

더 나아가 무의 본성을 회복하여 그와 합일하는 의식 상태를 천부경에서는 깨달음, 명(明)이라고 정의한다.

불교에서는 이것은 견성성불(見性成佛)이라고 하고, 기독교의 신비주의에서는 예수의 신성(神性)을 설명할 때 쓰는 말 "내 안에서 신성/아버지를 발견한다."고 할 때의 그 신성(神性)이다. 천부경과 짝을 이루는 경전인 삼일신고(三一神告)에서는 이것을 성통공완(性通功完)이라고 한다. 이 모든 것은 같은 개념을 각자의 시대와 지역적 특성과 분화된 언어로 달리 표현한 것에 불과하다.

이렇게 묘(妙)란 인간을 깨달음으로 이끄는 급행열차와 같은데 이를테면 영화 '인터스텔라'에서 빛의 속도로도 몇 년 이상 걸리는 거리를 한 번에 시공을 초월하여 도달할 수 있도록 해주는 일종의 웜홀(WORMHOLE)이며, 판타지 소설 해리포터에 나오는 '순간이동수단'인 "포트키"가 바로 妙의 역할이라고 보면 틀림이 없다.

묘(妙) 뒤에 오는 글자 "연(衍)"은 샘물이 저절로 솟아서 가득 찬 후에 저절로 흘러가는 모습을 말하는 글자인데, 이것은 결코 하늘에서 내려오는 빗물(이를테면 성령이나 신을 받는 상태)이 아니고, 남의 물길을 내 쪽으로 당겨오거나(아전인수(我田引水) 같은 개똥철학), 물 한 바가지를 쫙 부어 갑자기 흐르다 곧 멈추는 것(남의 지식을 베껴 자기 것으로 포장하는 행위)은 더더욱 아니다.

이 "衍"이란 말은 일체의 인공적인 함이 없는 상태에서 저절로 불어나, 가장 자연스럽게 넘쳐 흘러가는 흐름을 뜻한다.

나라는 의식(我相)이 죽고, 그 속에서 무궤(無櫃)가 드러나 저절로 흘러 움직이는 것. 가장 자연스러운 생명의 메커니즘, 일묘연(一妙衍)! 이것이 바로 한민족이 발명한 완벽한 단어 '사랑'이다.

따라서 사랑의 본질은 무궤이며 무궤는 곧 태초의 의식인 무의 본성이다.

따라서 진정한 사랑이란 좁게는 인간의 내면에 갇혀있던 신이 드러나 활동하는 현상이며 본성을 깨닫고 그대로 살아가는 인간의 모든 의식과 행동을 말하며 넓게는 이 우주를 관통하는 통일된 의식이자 운행법칙을 말하는 것이다.

이에 비해 기독교가 자랑하는 자칭? 예수의 제자 바울이 말하는, "사랑은 언제나 오래 참고 사랑은 언제나 온유하며……"라고 하는 고린도 전서의 소위 사랑론은 얼마나 유치하고 제한적인가?

일묘연, 즉 우주의 사랑은 온유하고 오래 참는 것만이 아니라, 어느 순간 전광석화 같고 어떨 때는 난폭하게 보이기도 하는 법이며, 일상적인 인간의 의식으로는 딱히 설명할 길이 없는 온 우주를 관통하는 자연 그대로의 흐름, "일묘연(一妙衍)!"일 뿐이다.

그러므로 나는 바울이 예수의 진정한 가르침을 이어받은 제자임을 믿을 수가 없다. 예수가 살아생전 거둔 제자도 아닐뿐더러, 예수가 말한 진정한 사랑은 '깨달음을 전제로, 내가 사라진 인간의 의식에서 신성이 드러나, 창조주의 의식과 합일하여 활동하는 상태'를 말하는 것인데 바울의 그것은 기껏해야 한낱 인간의 감정을 표현하는 문학적 수준에 머물러 있지 않은가?

사랑이란 오직 인간이 그 스스로 오욕칠정과 경험 때문에 만들어진 아상(我相)을 잃고, 사랑 그 자체가 되어봐야 비로소 이해할 수 있는 위대한 전체의식의 흐름이기 때문이다.

그런데 그런 사랑을, 예수라면 몰라도 바울이라니?

일묘연(一妙衍)은 또 예수가 말한 사랑의 샘물, 생명수이다.

일묘연(一妙衍)이라는 것은 기독교적으로는 사랑과 생명으로 표현되기도 하는데, 예수께서 말씀하신 "내가 길이요, 진리요, 생명이다. 내게로 와서 생명의 물을 마시면 영원히 죽지 아니하리라"라는 말씀은 바로 이 일묘연(一妙衍)의 묘리를 예수가 깨달았기 때문에 이를 비유로 말씀하신 것이요, 단지 당시의 유대인들에게는 문자 그대로 샘물로 이해하였기 때문에, 나중에는 심지어 '예수께서 최후의 만찬 때 사용했던 성배에 담긴 물을 마시면 영원히 늙지 않는다.'는 웃지 못할 낭설도 탄생했지만, 사실 예수께서 이 말씀을 했던 본뜻은 바로 이 생명 그 자체의 흐름을 알게 되고, 자기라는 에고가 죽고 자신의 내면에서 생명 그 자체가 드러나게 될 때, 삶과 죽음이라고 하는 문제를 초월할 수 있음을 역설한 것일 뿐, 무슨 생명수라는 이름의 물이 있어서 그런 작용을 한다는 취지로 말씀하신 것은 결코 아니다.

일묘연은 또 불교적 깨달음이다.

또한, 이 일묘연(一妙衍)은 불교에서 고승들의 선문답에도 즐겨 쓰인다. 중국의 선승 중에 유명한 조주(趙州)선사라는 분이 계시는데, 이분에게 누군가가 찾아와서 "고담한천(古淡寒泉)이 무엇입니까?"라고 물으니, 즉시 "먹으면 죽어버리지!"라고 답했다고 한다. 그러면 독자들은 고담한천(古淡寒泉 : 예로부터 있어온 시원한 샘 즉, 생명수)이 과연 무엇이라 생각되는가?

먹으면 죽는다니, 그렇다면 古淡寒泉이 독약이란 말인가? 그럴 리가 없다.

죽는 것은 내 목숨이 아니라, 반드시 죽어야 할 나의 틀, 아상(我相)이다.

아상이 죽는다면 드러날 것은 여래(如來) 즉 생명(生命)이니, 고담한천(古淡寒泉)이란 다름 아닌 일묘연(一妙衍)이 아닌가? 더욱이 고담(古淡)이라는 말은 태초부터 있었던 샘이라는 뜻이고, 한천(寒泉)이라는 것은 찬물 한 바가지라는 뜻으로, 잠자는 본성(本姓)을 깨우쳐 준다는 의미인 데다가, 생명수라는 뉘앙스를 풀풀 풍기고 있음에야 더 말할 것이 있겠는가?

156

천부경이 노자(老子)의 우주관 대일생수론(大一生水論)를 말한다.

일묘연(一妙衍)을 노자의 대일생수론(大一生水論)을 가지고 해석하려는 분들이 있다.

노자(老子)의 대일생수론(大一生水論)을 간략히 설명하면, "태초에 창조주 태일(太一)이 맨 먼저 물을 낳았고, 물이 다시 돌아와 태일과 함께 하늘을 낳고, 하늘이 땅을 낳고, 천지(天地)가 신명(神明)들을 낳았다. 그리고 신명이 음양을 낳고, 음양이 사계절을 낳았고 차례로 한열(寒熱 추움과 더움), 습조(濕燥 습기와 마름)등등을 낳아나간다."는 노자(老子)의 창조(創造)론이다.

그런데 노자의 태일(太一)은 나라고 하는 아상(我相)을 전제로 하는 말이고, 물은 나의 상대방인 너라고 하는 인상(人相)을 전제로 한다. 또, 하나가 다른 하나를 낳은 다음, 이 둘이 합쳐 새로운 하나를 낳아나가는 직렬적 선형구조의 창조론이다. "한마디로 창조주의 본질은 액체인 물(水)"이라는 뜻이다. 더욱 재미있는 것은 "창조주 태일은 또한 물에 머물러 활동하고 시간의 흐름과 함께 운행하며 만물의 근원이 된다."는 것이다. 전체적으로 보아 노자의 태일은 이 땅 지구 자체를 말하고 있음이 틀림없다. 지구의 반은 물에 잠겨있으며 사계절은 지구의 공전에 의해 생긴 것이니까.

그런데 현대과학이 밝혀낸 우주의 구조는 이런 단순한 직선형구조가 아니라, 모든 것은 모든 것과 동시에 연결되어있고 만물이 만물에 직간접적으로 영향을 주고받는 복잡계이다. 게다가 본질은 양자라는 물질과 비물질의 중간으로 형체가 없는 일종의 에너지 개념이며 기체 액체 고체는 기실 탄생의 순서를 굳이 따지자면 ① 기체 ② 액체 ③ 고체의 순이다. 또 우리는 '시간이란 절대적인 것이 아니라 상대적인 것이므로 사람조차 이 시간을 초월하여 시간 여행을 하는 날이 올 것이라는 사실'을 상식적으로 알고 있다. 따라서 이러한 노자의 엉터리 사유체계와 단순하고 좁은 우주관은 기독교 구약성경의 창세기에 있는 이야기에 기초를 둔 중세유럽의 천동설(天動說)의 허구성을 그대로 답습하는 수준에 머물러 있을 뿐이다.

이에 비해 천부경은 창조주 무(無)에서부터 이 세계가 시작되므로 이 세상은 언제든지 창조주 무(無)의 성질인 무궤함을 간직하는, 그야말로 살아있는, '하늘(운행법칙)과 땅(환경)과 사람(생물)이라는 세 가지 요소로 이루어져 있다'는 사실로부터 시작한다. 이어서 이들이 원래 무(無)의 속성으로부터 자연스럽게 동시에 물질화되었으며 누가 누구를 지배하는 구조가 아닌 동등한 구조요소라는 참신하고 정확한 우주관을 제시하고 있으며, 일묘연은 그러한 질서 위에 쌓아올린 정교면서도 확고한 운행체계이다. 놀라울 정도로 현대적이며 또 초월적이며 상호작용적이다.

그러므로 노자의 태일생수는 천부경의 일시무시 또는 일묘연처럼 거대하고도 디테일하면서도 일관성이 있는 보편적인 법칙과 비슷하기는커녕, 애초부터 비교의 대상조차 될 수 없는 유치한 개념일 뿐이다.

노자(老子)는 복지부동하는 하급공무원의 스승인가?

노자의 이름은 담(聃)이며 BC 571년 이전, 안휘성 와양현에서 출생하였다. BC548년 공자(17~30세)의 방문을 받아 도에 대한 주요 사상을 논하였다. (양방언, 초간 노자) 공자는 이후 학문이 크게 발전하여 깨달음을 이룬 다음 노년에 자신의 사상을 완성하게 된다. 그 과정에서 상갓집 개로 불렸던 공자의 고단한 인생역정은 그를 깨달음으로 이끌었지만, 이와는 반대로 젊은 시절의 공자(孔子)를 감복시켰다고 알려진, 노담의 인생은 정작 그다지 눈여겨 볼만한 부분이 없다. 고통 스러운 어린 시절을 보낸 적도 없고, 무엇 때문에 번민했었는지를 알 길도 없다. 분명 사마천의 사기에 나오는 실존적 인물임에도 불구하 고 사람의 인생에서 당연히 있어야 마땅할 고통을 극복한 시기와 내 용에 대한 핵심 부분이 없는 것이다.

오히려 그의 가르침으로 보면 인생의 고뇌와 고통이라는 것이 반 드시 겪어야 할 것으로 되어있지도 않을 뿐 아니라, 천지간에 사람이 라는 존재의 위치나 중요성에 대한 가르침조차 찾아볼 수가 없다. 그 는 정말로 일종의 무사안일주의자였던 것일까? 아이러니하게도 오늘 날 노자의 무위자연(無爲自然) 사상은 작금의 한국 공무원의 복지부동 (伏地不動)과 확실히 구분되지 못한다. 그들이 자신들의 무능을 노자 의 무위자연 사상의 실천(?)이라 강변한다고 해도, 노자사상의 무엇 으로 이를 꾸짖어 잘못을 바로잡겠는가? 더구나 지금은 정부가 해야 할 일을 안 한다고 탄핵받는 일이 더 많은 시대가 아닌가?

이것이 바로 노자의 도교가 작금의 현대인들 뇌리에 천부사상은 물론, 불교 기독교 유교와 결코 같은 반열에 설 수 없는 까닭이다.

천부경의 입장에서 본
노자 도덕경(道德經)과 공자 사상의 정수인 중용(中庸) 비교

『도덕경』의 저자인 노담은 도덕(道德)을 도(道)와 덕(德)으로 나눠 서 정의했다. 그는 '도(道)'를 '만물의 근원에 존재하는 보편적 원리'라 고 정의했다. 또 '덕(德)'은 '도를 체득함으로써 겸손 · 유연 · 양심 · 질 박 · 무심 · 무욕을 몸에 익히고 행동으로 실천하는 것'이라고 말했다. 전해오는 말에 의하면 노자와 장자는 전국시대에 사람들의 인성이 이미 포악해져 버린 후라는 이유로 그런데도 인(仁)과 예(禮)를 전파하려 애쓰고 다니는 공자를 되지도 않을 일에 애만 쓴다고 비웃었다. 그러나 반대로, 공자가 노자를 비웃었다는 말은 들어본 적이 없다. 현명한 자는 고통의 의미를 제대로 평가하고 소인은 고통을 피하려 한다. 공자는 기꺼이 고통을 마다치 않았지만, 노자와 장자는 오히려 고통을 겪는 자들을 비웃으며 스스로는 고통에서 멀어지려 노력하고 고통을 미리 알아서 피하는 것을 지혜라고 생각했다.

그렇다면 노장의 그것은 이를테면 기껏해야, 청렴하기는 해도 되도록 일을 안 벌이려고 하는 복지부동의 공무원 정도의 사고수준에 불과한 것이다.

이에 비해 공자는 최소한 목숨을 걸고 옳은 일에 발 벗고 나서며 반드시 바른말을 하고 말에 책임을 지는 옳은 정치가나 열정적인 사업가 정도는 된다.

자 이렇게 놓고 보니 어떤가? 노장은 말만 번드르르할 뿐, 혼탁한 세상을 정화하나 개혁할 수 있는 정도의 힘을 가진 사상이 못 된다.

한편 공자의 중(中)은 노자의 도(道)에, 용(庸)은 덕(德)에 해당한다.

그러나 엄밀히 말하면, 중용(中庸)은 도덕(道德)보다 더 큰 것이고 더 실천적이며 더 통찰적이다.

중용이란 한마디로 중(中 : 하늘의 근본적 본성)을 얻어 상시로 중(中)을 행하며 중(中)으로서 살아가는(용(庸)) 깨달은 자의 삶을 말한다. 이것이야말로 도덕을 초월한 가치체계인데, 성리학(性理學)자들이 이 묘리(妙理)를 깨닫지 못하고 한 갓 정치체계를 만드는 데 허비하여, 오늘날 유교의 몰락을 초래한 것이다.

천부경을 뒷받침하는 한국인의 의식(意識)과 문화(文化)적 증거

없을 무(無)와 춤출 무(舞) 그리고 한국의 춤 살풀이

"신의 고유어가 살이므로 살풀이는 나쁜 기운의 살(煞)이 아니라, 신(神)의 살이요 신명(神明)의 살이다."(김양동, 한국 고대문화 원형의 상징과 해석)

한국의 춤 살풀이는 사실 살(煞)풀이가 아니라, 살[신(神)의 고유어]풀이 즉, 신풀이였던 것이다. 이 말은 곧 한국어 "신(神)난다."를 넘어 '살(神)다. 살(神)아나다.'와 같은 말과도 깊은 연관이 있다.

이는 곧 생명(生命)에 대한 한민족의 본태적 의식과 언어가 이 신(神)/무(無)를 원형으로 만들어졌다는 점을 알 수 있는 중요한 증거가 된다.

한편, 천부경에서 조물주를 뜻하는 없을 무(無)는 또한 춤출 무(舞)의 원형이며, 고대에는 이 두 글자가 같은 뜻이었다. 둘 다 무당이 춤을 추는 형태로부터 시작하여 그 과정에서 필경 도달하게 되는 깨달음이 바로 "이 세상은 무(無)에서 시작되었다." 즉, '아무것도 없다. 무(無)'라는 관념이었을 것이다.

한국인이 속한 동이족에 있어서 고대의 춤은 신(神)들과 교류하는 수단으로 추어진 종교적인 의미를 가진 무무(巫舞)였다. 그런데 이 춤(무(舞))과 창조주를 가리키는 말 무(無)가 원래는 하나였다는 말은, 춤이 곧 창조주의 의식인 무궤에 도달할 수 있는 유일한 수단이었으며, 무(無)란 춤을 통하여 묘(妙)를 만나 최종적으로 도달할 수 있는 깨달음의 경지를 표시하는 문자라는 점을 증거가 되는 문징(文徵)이다.

신과 신에 이르는 방법이 원래는 같은 이름으로 불리다가 후에 춤

이 점점 세속화되면서, 신에 이르는 종교적 수행보다는, 보고 즐기는 예술적 의미가 더 강조되다 보니, 점차 두 글자를 분리하여 분별할 필요가 생긴 다음에야 지금의 춤출 무(舞)자가 따로 더 만들어진 것이다.

10 정의(正義)란 무엇인가?

선악(善惡)을 가르는 잣대 일묘연(一妙衍)

"一妙衍"의 세계는 사랑이면서 또한 정의(正義)다.

그리고 또 일묘연은 선악(善惡)을 가르는 잣대이기도 하다.

일묘연(一妙衍)은 곧 하늘의 정의(正義)이며,

악인에게 내리는 천라지망(天羅地網)이다.

선(善)과 악(惡)이란 무엇인가?

만일 기독교와 일부 불교의 교리처럼 인간에게 수호천사와 악마가 있다면 그것은 인간의 내면에 존재하는 본질적 요소들의 다른 표현이라고 보면 된다. 악마는 곧 인간의 오랜 생존과 진화의 기억 속에서 오직 살아남기 위한 본능과 실행에 의한 경험의 축적이 곧 하나의 성향(性向)이 된 것이다. 전생에서 본능적 생존전략의 부재 즉, 경쟁에서 더 이기적이지 못해 죽었던 한이 많으면, 이

생에서 살아남기 위해 좀 더 이기적인 전략을 갖고 태어날 것이며, 깨달음이라는 특단의 조치가 없는 한, 계속 이기적인 삶을 살아갈 것이다. 그런 사람이 선호하는 이미지가 바로 악마이므로, 좋든 싫든 악마가 자꾸 어필이 된다면 내 속에 숨어있는 성향이 그러한 것으로 보고 경계해야 한다.

반면에 수호천사란 바로 내면에 있는 본질적 생명이고 종교적으로 비유하면 내 안에 들어있는 무한(無限)/천부경(天符經), 공(空)/반야심경(般若心經), 중(中)/중용(中庸), 아버지/예수, 허(虛)/노자(老子)를 말한다.

본성(本性)으로 향하는 인간 내면의 안내자임과 동시에 본성(本性) 그 자체이며, 문득 솟구치는 그리움과 공허함으로 표현되는 본질적 향수(鄕愁)의 근원이다. 평화와 조화로의 욕구이자 평화와 조화 그 자체로 보아도 좋다.

선(善)이란 무엇인가? 양심의 생성과 발달

선(善)의 근원은 무 곧 태초의 빛이며 확장(擴張)이며 빛으로 어둠을 밝히는 의식(意識)이다. 이 의식은 인간의 내부에 태어날 때부터 존재하며(무궤화삼), 인간의 감정과 반응하여 확장과 수축을 반복하여 발전하다가 때가 이르면 본성인 무(無)를 인지하고 그리워하며 스스로 무(無)로 돌아가려는 의지(意志)를 깨우게 된다.

이는 본성(本性)의 빛을 향한 향수(鄕愁)와 같은 것으로 자연스러움이며, 일묘연에 순응하는 이 의지를 우리는 선한 의지라고 한다. 인간이 본성으로부터 멀어질 때 끊임없이 목표를 재확인하고, 오차를 수정해나가는 이 의식의 안전장치를 양심(良心)이라고 하며, 결국 목표에 도달하는 본능으로 한 번씩 이러한 양심이 성공을 거듭할수록 인간 내부에는 굳건한 일종의 습(習)으로 양심이 자리잡게 된다.

이것이 바로 선한 의지의 발생과 선한 행동이 반복될수록 더 선해지는 양심회로/루프(loop)의 생성과 발달과정이다.

악(惡)이란 무엇인가?

또 하나의 의지가 있으니, 인간이 제 몸의 존재를 자각함과 동시에 반드시 일어나는 감정인데, 인간의 몸에서 기인한 본능적 감정 즉, 몸을 살리려는 생존의 본능과 자신의 유전자를 퍼뜨리려는 계승의 본능과 이를 위해 남보다 우월해지려는 경쟁의 본능(바로 좌뇌(左腦)가 주관하는 영역이다)이 나라는 개체를 이루며 개성을 만들어 내는 희로애락의 감정과 결합하여, 여러 번 반복하면 하나의 습관(習慣)이 되고, 본성의 빛을 가리는 단단한 의식이 생겨난다. (☞ 도마복음 45장 1예수께서 가라사대, "포도는 가시나무에서 수확되지 않고, 무화과는 엉겅퀴에서 수확되지 않나니, 이것들은 열매를 맺지 않음이라. 2 선한 사람은 창고로부터 선한 것을 내온다. 3 나쁜 사람은 가슴속에 있는 나쁜 창고로부터 나쁜 것들을 내오고 또 나쁜 것들을 말한다. 4 왜냐하면 나쁜 사람은 가슴에 쌓여 넘치는 것으로부터 나쁜 것들을 내올 수밖에 없기 때문이다.")

악(惡)이란 이 습(習)이 인간관계 도중에 행동으로 드러나게 되는 것을, 위에서 말한 양심(良心)이라는 내비게이션이 원래 목표로 되돌리지 못하면 더욱 엉뚱한 길로 접어들어 본성과 멀어지는 것을 말하는데, 원래는 그저 잘못 접어든 길일 뿐이지만, 죽음의 두려움과 악행(惡行)의 익숙함이 원래의 길로 돌아오지 못하게 만드는 장벽이 된다.

또 이것은 전체의지인 무로부터 자기를 격리하면서 빛을 가리고, 분열시키고 응축되는 에너지가 나오므로 곧 어둠이며, 사람의 두려움을 먹고 성장하며, 남의 고통을 개의치 않게 되므로 한국인들은 나쁜인 이기적인 감정이라 하여 '나쁘다'라고 표현하였으니, 나누고 축소(縮小)되는 의식이야말로 악의 본질이라 할 만하다.

문제는 악한 자가 타인의 고통을 신경 쓰지 않듯, 악(惡) 또한 악함을 사용하는 인간의 고통과 장래를 신경 쓰지 않는다. 악(惡) 그 자체가 실체가 아닌 오직 인간의 두려움과 생존 욕구에서 만들어진 가짜 의식이기 때문에, 무(無)의 본질인 무한(無限)과 영원성(永遠性)이 없으며, 인간이 악의 본질을 깨닫고 혐오하는 순간 즉

시 사라지는 것이므로, 유일한 효용가치라면, 결과적으로 잘못된 길로부터 인간을 깨달음의 길로 되 튕겨내는 힘(후회(後悔)), 이 한 가지뿐이다. 그러나 이 또한 습(習)이 되어버리면 후회(後悔)도 소용이 없이 너무 늦어 버리는 것이다.

인간은 왜 깨달아야 하는가?

삶의 단 한 가지 목표가 있다면, 이는 인간으로 삶을 살아가는 과정에서, 내면에 숨겨져 있는 빛을 드러내어, (우뇌가 주관하는 영역이다) 현재 내 의식의 위치를 파악한 다음 내면에 자리한 내비게이션(일묘연)을 rebooting(재시동) 시켜, 주어진 각각의 환경에서 천명(天命 : 하늘의 본성(本性))을 이해하고 天符(천명에 부합)로 살아가는 또 하나의 새로운 경험을 창조해 냄으로써, 부처 예수 공자 노자의 깨달음과 마찬가지로, 인류에게 또 하나의 새로운 깨달음의 의식으로 우주에 영원히 살아남는 것이다.

이는 마치 수소와 헬륨뿐이던 원시 우주에서 새로운 원자들이 합성되어 원소 주기율표에 새로이 그 이름을 올리는 것과 같이 영광된 것이다.

깨달음을 동반한 삶은, 인생이라는 원고지 위에 새로운 이야기를 창발해 써내려가는 의미 있는 일이며, 우주의 본성에 그 새로운 의식의 유전자를 영구적으로 새겨넣음으로써 진정한 의미의 영생(永生)을 이루는 영광된 일이다.

이는 다른 누가 기억해 주지 않아도 때가 되면 온 우주의 모든 이들이 다 알고 기뻐하게 되어있는 것이 천명(天命)(하늘의 생리) 이다.

사람이란 무엇인가?

Homo Decisio 결정하는 인간 : 결정(決定)이 바로 그 사람이다.

인간의 숫자인 삼(三)은 일(一)에 이(二)가 더해 만들어진 인간의 자유의지를 뜻하기도 한다. 여기에 오묘한 작용이 있다.

매 순간 그대의 결단이 당신의 미래를 결정짓는다.

당신은 지금 결정해야 한다. 어떤 인생을 살 것인가?

인간은 기본적으로 본성의 바다 위에서 타고난 천품(天一)과 주어진 환경의 영향을 받으며(地二) 사람들과 관계를 맺고(人三) 살아간다. 여기에서 인간의 자유의지가 작용한다. 매 순간 타고난 천품(天品)은 환경과 사람들의 관계로부터 결단을 강요당한다. 지금 내린 결정이 바로 환경에 대입되고 운명의 방향을 바꾼다. 어떤 결정과 행동으로 사람들이 몰려들기도 하고 또 멸시를 당하기도 한다.

그러므로 결정하는 인간은 그 순간 지극히 고독하다. 고독이라는 것은 곧 운명 앞에 홀로 서는 것이다. 홀로 선다는 것은 본성(本性)과 마주하는 것이고 곧 깨닫게 되는 환경에 접하는 것이다. 그러므로 외롭다는 것은 진정으로 축하해야 할 일인 것이다. 이런 고독한 결정의 기회를 제대로 잡아 인생의 터닝포인트로 활용하기 위해서는 당연히 연습이 필요하다. 만용(蠻勇)도 신중(愼重)도

각각 하나의 변수로 작용할 뿐 절대적으로 어느 것이 옳은지 아무도 모른다.

새옹지마(塞翁之馬)만 말이 그래서 있는 것이다. 이 사자성어의 교훈은 '결과는 아무도 모르니 그래서 결단을 하지 마라'가 아니라 '필요하면 결단을 두려워하지 마라.'가 정확한 해석이다. 이런 때에 우리에게 천부경이 있고 일묘연이 있다. 나를 한 생명의 흐름과 합친다면 무엇이 두렵겠는가? 결단을 두려워하는 자는 결국 자기도 모르게 또 다른 결정을 하게 된다. 바로 아무것도 결정하지 못하는 우유부단(優柔不斷)이라는 최악의 결정 말이다. 이는 결국 자기와 관계를 맺고 있는 모든 사람을 괴롭힌다.

어떤 이는 무위자연(無爲自然)이라고 하면서 마땅히 해야 할 결정을 고의로 피한다.

그로 인해 고통받는 사람들이 생기면, 그도 필경 남의 결정으로 도움을 받아야 할 일이 반드시 생기게 되는 것이고, 그때 상대방은 영문도 모른 채, 왠지 결정하고 싶지 않아질 것이다. 그때 가장 고통받을 자는 바로 일전에 남을 괴롭혔던 바로 그 우유부단한 자, 당신이다. 바로 일묘연(一妙衍) 법이 작용하기 때문이다.

이러한 모든 결정의 결과들이 쌓여, 나중에 그 사람의 성품과 운명을 이루거나, 바꾸어 놓는다. 확실한 것은 진심으로 올바른 결정을 하려고 고민하고 노력해야 한다는 것이다.

일단 결정한 것에 대한 책임은 본인이 지는 것은 기본이다.

그러므로 잘못된 것을 알았거든 즉시 되돌리는 것도 또한 올바른 결정이다.

이런 것들이 쌓일 때 잘못하면 바늘 도둑이 소도둑이 되기도 하고, 팥죽 호랑이가 되기도 하고, 새옹지마가 되기도 하며, 콩 심은 데 콩 나고 팥 심은 데 팥 나기도 하며, 마음을 크게 돌이켜 유종의 미를 거두기도 한다.

언제나 끝이 중요하다.

그런데 마지막에 옳은 결정을 하기 위해서는 평상시 진심으로 옳은 결정을 하고자 하는 의지가 필요하다. 비록 당장 성공하지는 못할지라도 지속해서 옳은 결정을 하고자 하는 의지가 있으면 결국 옳은 결정으로 유종의 미를 거둘 수 있다. 인간의 의지가 환경을 만들고 환경이 결과를 만드는 것이 천부경의 가르침이다. 그때 인간의 옳은 결정이 이 세상을 바꿀 것이다.

결정(決定)이 바로 최종적인 그 사람의 모든 것이다.

Homo Decisio(호모 디키시오)!

살아있는 하늘의 정의(正義), 천라지망(天羅地網) – 팥죽 호랑이 이야기

모든 것이 이러하다면 요즘 한국의 타오르는 이슈인 정의(正義)/권선징악(勸善懲惡)에 대하여서도 천부경은 말할 수 있어야 한다.

천부경의 일묘연(一妙衍)은 누구도 예외가 될 수 없는 정의(正義)의 메커니즘이기도 하다. 아득한 옛날부터 전해 내려오는 우리의 옛이야기들은 모두가 철학적 함의가 깊은 우화(寓話)들이다.

그중에서 이 주제와 관련이 깊은 이야기로 우리가 잘 아는 "팥죽 할머니"의 이야기가 있다.

"옛날 어떤 곳에 팥죽을 파는 할머니가 살고 있었는데, 하루는 호랑이가 찾아와서 "팥죽 한 그릇 주면 안 잡아먹지!" 라고 해서 팥죽을 주니, 또 한 그릇을 더 청하고 또 팥죽을 주니 또 한 그릇을 더 청하고 그런 식으로 팥죽을 다 받아먹고는, 이제는 팥죽 가지고서는 안 되겠으니 "할머니, 너를 잡아먹겠다."라고 본색을 드러낸다. 할머니의 기지로 그 날은 용케 넘겼으나 호랑이는 꼭 잡아먹을 날을 기약한 그 날에 다시 돌아올 것이다. 절망한 할머니가 할 수 있는 것은 오직 절망의 표현, 슬피 우는 것뿐이다.

이렇게 울고 있는데 난데없이 파리가 와서 "할머니 할머니 왜 울어?"하고 물었다. "호랑이가 오늘 저녁에 와서 날 잡아먹는다고 해서 슬퍼서 운다."고 했다. 파리는 "팥죽 한 그릇 주면 말려 주~

지." 한다. 그래서 팥죽 한 그릇을 주니까 파리는 팥죽을 다 먹고 천장에 날아가 붙는다. 할머니가 또 울고 있으니까 이번에는 커다란 집게발을 가진 게가 와서 "할머니 할머니 왜 울어?" 하면서 또 팥죽을 얻어먹더니, 우물 옆에 있는 작은 웅덩이에 들어가고, 잠시 후 칼 송곳 홍두깨, 지게, 작대기와 거적들이 차례로 어디선가 와서 아까와 마찬가지로 각자 어디론가 자리를 잡는다. 그리고 드디어 호랑이는 할머니를 잡아먹으러 오는 것이다. 할머니는 그래도 호랑이에게 팥죽 한 그릇을 내놓는데, 호랑이는 팥죽을 먹으면서도 '이 할마이를 언제 잡아먹을까?' 그 생각뿐이다.

순간 파리가 먼저 움직여 호롱불을 껐다. 호랑이는 실수로 팥죽을 얼굴에 끼었고 호랑이는 눈을 뒤덮은 팥죽을 씻으려 더듬거리며 우물로 가다가 옆에 있던 웅덩이를 느껴 다짜고짜 얼굴을 쑥 들이민 순간, 커다란 집게가 하필 제일 예민한 콧잔등을 힘껏 물고 비틀어버린다. 크르릉~ 호랑이는 고통에 몸부림치며 한 길을 뛰어 올랐지만, 허공에 뜬 호랑이를 기다리는 것은 시퍼렇게 날이 서 있는 칼 송곳이었다. 푸~욱하고 몸에 송곳이 꽂혀 들어가는 것을 마지막으로 의식이 흐릿해진 호랑이를 기다리는 것은 바로 홍두깨였고 정신을 잃은 호랑이를 사정없이 두들겨 기어이 숨통을 끊어 놓는다. 죽은 호랑이는 또 멍석과 지게 작대기가 둘둘 말아 어디론가 지고 가서 처리된다. 이러한 일련의 과정은 너무나 순식간의 일이었다.

이렇게 할머니는 파리, 게, 송곳, 홍두깨, 지겟작대기들이 모두 도와서, 나쁜 호랑이를 물리치고는 할머니는 목숨을 건져 여생을 행복하게 잘 살았다는 어쩌면 평범한 이야기다.

그런데 어릴 적 할머니에게 이 얘기를 들을 때마다 항상 궁금했던 것은, 도대체 파리, 게, 송곳, 홍두깨 지게 작대기, 거적 이런 하찮은 것들이 팥죽할멈의 처지를 어찌 알고 갑자기 사방에서 나타났는가? 그리고 그들이 어찌 호랑이의 행동을 예측하여 정확히 포진하고, 감독도 없는데 미스터리하게도 자로 잰듯한 공격을, 한 치의 망설임도 없이 순서대로 진행하여, 할머니를 위기에서 구해냈는가? 하는 것이었다.

팥죽 호랑이의 교훈

그러나 일묘연을 알게 된 우리에게는 이 미스터리가 어렵지 않다.

모든 것이 거부할 수 없는 자연스러운 하나의 흐름 속에 있기 때문이다.

문제의 호랑이가 팥죽을 몇 그릇씩이나 호의로 얻어먹는 것으로도 모자라서, 기어코 착한 팥죽할멈을 잡아먹겠다는 천인공노(天人共怒)할 못된 생각을 하고, 이를 실천에 옮기려 했다. 그런데 이때, 호랑이는 이미 자기도 모르는 사이에 바로 일묘연법(一妙衍

法)에 크게 거슬리는 위치에 놓인 것이다.

　해설 : 호랑이는 이미 자기도 모르게 제 발로 걸려들었다.

　그러나 이 단계에서 뉘우치고 돌아서면 아무 일도 안 일어난다. 그런데 그놈이 할머니의 기지로 일단 물러났지만, 재차 방문하여 기어코 할머니를 잡아먹으려고 하는 결심을 굳혔을 때, 문제의 파리, 게, 송곳, 홍두깨 지게 작대기 등은 갑자기 아무 이유 없이 할머니의 팥죽이 먹고 싶어지는 것이다.

　이것은 고대로부터 한민족에게 전해온 일종의 진(陳)이 발동한 결과이다.

　그리고 이 진은 일단 발동하면 관성(慣性)의 법칙(法則)이 적용된다.

　이 정도라면 이미 호랑이가 뉘우치더라도 빠져나오기가 쉽지 않다.

　발동된 진은 호랑이를 더욱 촉발해 이성을 마비시킨다.

　이 정도에 이르면 촉발된 욕망을 스스로 다스리고 행동을 멈출 뿐 아니라, 뉘우칠 수까지 있는 정도의 경지라야 겨우 죽음의 진을 빠져나올 수 있다.

　그러므로 그들은 그 후 각자가 할 일을 저절로 아는 것이다. 또 호랑이가 할머니를 잡아먹을 계획을 막상 실행에 옮겼을 때, 파리, 게, 송곳, 홍두깨 지게 작대기 등은 사전에 연습한 적이 한 번도 없었지만, 각자의 자리에서 본능적으로 실행에 옮겼을 뿐이다. 마치 잘 짜였고 훈련된 하나의 팀처럼……

누가 시킨 적도 없고, 아무도 그들을 초대한 적도 없지만, 그들은 어디 선가로부터 왔고, 팥죽을 먹었고, 그 순간 그 자리에서 호랑이와 팥죽할멈과 파리, 게, 송곳, 홍두깨 지게 작대기 등등은 같은 장소에서 하나의 공동 운명체로 엮여버린 것이다.

호랑이는 무도하게도 자신에게 선행을 베푼 할머니를 잡아먹으려 했지만, 죽은 것은 오히려 호랑이였다.

그 뒤에는? 다시 모두가 아무 일도 없었던 것처럼 일상으로 돌아간다.

결과를 보면 배은망덕하게도 팥죽 할머니를 잡아먹으려 했던 바로 그 호랑이만 딱 죽어 없어진 것이다.

마치 우리 몸속에 들어온 세균에 대해 백혈구들이 수행하는 본능적인 면역활동과 같이 너무나도 자연스러운 것인데, 이것이 바로 일묘연이 말하는 한민족의 염색체 깊이 체화된 정의(正義)의 집단 무의식으로써, 다른 말로는 하늘이 펼친 그물, 천라지망(天羅之網)이라고 한다. 어떤 사람이 한 생각을 품고, 그것을 행동에 옮기게 되면, 그 생각과 행동의 여파는 그것이 좋은 것이든 나쁜 것이든 한 생명계의 전체에 영향을 주고, 속해있는 모든 생명에 영향을 주게 되며, 그 반대 또한 그러하다. 그런 수많은 의지가 얽혀서 오늘의 이 복잡계를 이루고 있는 것이다.

그러므로 독자들은 그가 누구든 악한 생각을 하고 그것을 실행하고도 법의 심판을 제대로 받지 못하거든, 그를 징벌하려고 노력해도 안 된다면, 오히려 안심하고 흔쾌히 하늘에 맡기라. 그리고 잊어버리는 것이다. 악행의 정도가 심해지면 드디어 쥐도 새도 모르게 팥죽 호랑이의 진이 발동된다.

일단 팥죽 호랑이가 되면 누구라도 견딜 수 없다.

온 천하가, 이를테면 길가에 뒹구는 돌멩이마저, 그를 대적할 것이기 때문에!

누가 팥죽 호랑이인가? 팥죽 호랑이의 본보기

북한의 독재자였던 김일성, 김정일 부자의 비참한 죽음은 바로 팥죽 호랑이 진의 발동했다는 확실한 증거다. 최근 우리 눈에 띄는 재벌 2세들의 물의를 일으키는 여러 사건이 그들의 평소 예상보다 훨씬 심각한 결과를 가져오고 있으며 심지어 그룹의 안위가 흔들리는 결과를 초래하기도 하는 것을 보라!

이혼과 수감 질병과 죽음 등 그들의 불행한 인생사들을 보라!

최근 몇 년간에 일어난 거물급 정치인들의 비참한 죽음들도 그러한 것이며, 세월호 사건과 관련되어 사이비 종교를 창시하여 호화생활을 하던 사이비 종교의 교주 Y씨는 세월호 사건도 악몽이지만 도피과정에서 자기가 죽을 것을 꿈에라도 짐작이나 했겠는가? 뇌물로 얼룩진 기업인 S의 비참한 죽음들은 모두 팥죽 호랑이 진(陣)이 엄연히 살아있는 명백한 증거이다.

이들은 모두 공통점이 있다. 그들 인생의 가장 득의(得意)의 시점에 진이 발동을 시작하여 죽지 않을 수 없도록, 막을 수도 없는 환경으로, 갑자기 준비도 안 된 채로 변을 당해 급기야 파멸에 이르게 되는 과정이 똑같다.

분명한 이유가 있지만, 그들이 이를 알 턱이 없는 것은 주변에 누가 이런 것을 가르친 적이 없기 때문이다. 모른다고 올 것이 늦게 오지는 않는다.

일묘연이 말하는 정의(正義) 제2법칙

습관(習慣)의 무서움 "바늘도둑이 소도둑 된다."

바늘 도둑질을 한 사람은 스스로 통렬하게 반성하고 끊임없이 그 부분을 뉘우치지 않으면, 반드시 당시의 형벌로 사형 죄에 해당하는 소도둑이 되어 죽고야 만다는 무서운 함의(含意)가 들어있는 말이다.

이는 물론 습관의 무서움을 말하는 것이지만, 여기에 더하여 습관이 왜 어떻게 시작되어 굳어지며, 악습의 결과는 또 얼마나 비참한 것이며, 본성의 흐름인 일묘연(一妙衍)과의 교류를 외면한 잘못된 결정들의 결과는 비참하게 끝날 것이라는 복잡한 이야기를 한마디로 정리한 금언(金言)이다.

도박을 예를 들어 이 무서운 메커니즘을 설명한다.

도박을 경험해 본 사람 중에 가장 불행한 사람은 첫 번째 도박에서 꽤 큰돈을 따낸 사람이다. 도박에서는 따는 쾌감을 느낀 자가 사실은 인생에서는 지는 길로 확실히 들어선 것이며, 일단 들어서면 헤어나기가 힘들다. 반드시 두 번째로 가게 되고, 이번에는 잃든 따든 간에 반드시 세 번째 도박의 유혹을 이기기 힘들어진다.

그리고 세 번! 이제 우리는 모두 안다. 삼 세 번이란 말의 운명적 의미를!

근래에 만들어진 속담 중에 "원수를 망하게 하려면 경마장에 데리고 가서 돈을 따게 만들라."는 말이 있다.

어떤가? 이 말을 만든 사람의 지독한 고통의 경험과 상대방에 대한 원망이 생생하게 느껴지지 않는가?

하늘의 정의(正義)는 비교적 단순하다.

한 번 저지른 사람이 크게 뉘우치지 않으면, 반드시 두 번 저지르고 싶은 욕망을 그저 깃털처럼 가볍게 자극해주기만 하는 것이다.

현명한 인간이라면 "아, 이건 위험하다는 자각(自覺), 왜 이런 일이 내게 일어났나?" 마치 찬물 한 바가지를 뒤집어쓴 것처럼 자연스럽게 꿈에서 깬다.

그런데 보통의 인간이라면 이 상황을 전혀 위험하게 보지 않는다.

뭘 어때? 하는 생각에 당연히 또 하게 되고 나중에는 어쩔 수 없이 깊이 걸려들게 되는 것이다.

하늘이 특정인에게 감정을 갖는 일은 전혀 없다.

그러나 일단 걸려들면 보통 헤어 나오기 힘들고 그 끝은 반드시 파멸이므로 정말 위험하다. 예수께서도 주기도문에서 이렇게 말하지 않으셨는가?

"우리를 시험에 들지 말게 하시고, 다만 악에서 구하옵소서 아멘"

그렇다! 바늘 도둑은 그대의 판단을 알아보는 일종의 시험이라고 생각하라.

이제 답은 우리가 모두 알고 있다. 살다가 이 문제를 만나면 반드시 이렇게 정답을 써서 하늘에 제출해야 한다.

'바늘도둑은 크게 경계해야 하고, 이미 저질렀거든 진심으로 반성해야 하고, 반복되거든 필사적으로 단절해야 하고, 만일 이미

소도둑이 되었거든 만회할 생각을 버리고 조용히 하늘의 처분을 기다린다.'

이렇게 하면 최소한 죽음은 면하고 하늘은 당신에게 한 번의 기회를 더 준다. 그렇지 않으면? 그대는 언제든 팥죽 호랑이가 될 뿐이다.

봉황개정시대의 가까운 미래를 예언한다.

봉황개정도를 발견하고 봉황의 이야기를 완성하니, 한국의 정치와 경제 외교가 자연스럽게 떠오르기 시작했다

이것들을 독자와 함께 재미삼아 나누어 보고자 한다.

1. 한반도 정세

북한의 김정은은 이 책의 출간을 기준으로, 빠르면 3년 안에 변고 (變故)를 겪을 가능성이 크다.

봉황개정의 시대에는 북한은 봉황의 목구멍인데 북한의 김정은 정권은 바로 봉황의 목구멍 속 가래침의 형국이다. 봉황이 높이 울리려면 먼저 가래를 뱉어내야 하지 않겠는가?

통로 속에서 길을 막고 있는 것은 무엇이든 치워지는 것이 당연하다.

북한 정권은 정확하게 고려의 최씨 무신정권과 평행이론(平行理論)이다.

고려무신권의 멸망은 외교(外交)를 '너는 죽고 나만 살자' 식의 일방적인 사기(詐欺)와 협잡(挾雜)으로 잘못 해석한 독불장군식의 소위 주체외교의 실패 때문인데, 북한의 외교도 고려 무신정권의 외교처럼 같은 실수가 되풀이되고 있으니, 최씨 무신정권의 최후와 똑 닮은 비참한 결과가 기다릴 수밖에 더 있겠는가?

진(陣)은 이미 발동되었으며 최적의 순간에 이 일은 반드시 일어날 것이니, 우리는 다만 지켜보기만 하면 된다. 그때가 바로 통일의 최적기다.

누군가가 걱정하듯 남북 간에 전면전(全面戰)은 절대로 안 일어난다. 북한이 도발한다면 오히려 내부 반란으로 자멸할 것이며, 다만 통일

이 앞당겨질 뿐이다.

2. 한국 정치가들의 운명

(1) 모든 정치공학적 음모는 반드시 실패한다. 그리고 몰락한다.
　　오직 개인적 이익을 던져버리는 진정성만이 새로 깨어난 봉황 민
　　족의 지지를 받을 수 있다.
(2) 포퓰리즘에 입각한 선심성 퍼주기 정치인과 국민을 대상으로 인
　　기영합을 위한, 정치적 수사만으로 이른바 정치쇼를 하는 정치인
　　은 반드시 몰락한다.
(3) 특히 스스로 위선의 가면을 쓰고 겉으로는 순진한 척 "국민의 뜻
　　에 따라!"를 연발하는 지도자는 반드시 대가를 치른다.
　　봉황은 이미 눈을 떴고 우물쭈물할 시간이 없으므로 이런 가짜는
　　쓰레기 치우듯 깨끗이 치워질 수밖에 없다.

　창조정치(創造政治)를 말한다.
흔히들 선거에 지고 나서 민심을 읽지 못했다고 말한다. 그런데 소위
진보정당에서 이런 말을 하는 것은 매우 어색하다.
　민심도 언제건 새롭게 창조되는 것이기 때문에, 민심은 읽는 것이
아니라 앞장서 이끌어 나가야 하는 것이 진보적인 정치인의 기본자
세다.
　국민에게 아부하는 자가 아니라 국민을 이끌어 갈 수 있는 지도자
가 바로 훌륭한 정치인이다. 오히려 국민의 비위를 맞추려고 포퓰리
즘과 정치공작을 말하는 자는 반드시 퇴출당한다. 정치하면서 사욕
을 앞세우는 자 패망한다. 창조가 없이 의리만을 앞세우는 자 망신당
한다.

모두가 창조적인 국민의 눈높이에는 턱없이 못 미치기 때문이다. 앞으로는 모든 선거에서 누가 더 창조적이냐의 경쟁이다. 꼼수를 먼저, 더 많이 쓰는 자가 확실히 지는 게임이 될 것이다.

창조정치(創造政治)를 하려는 정치인들에게

앞으로 정치인들은 자기의 주관적 아이디어를 따로 내지 말자.

대신 주변의 이야기를 많이 듣고 그중 바른 생각을 골라내서 동료의원들과 공유하라. 마치 배심원들의 올바른 평결을 돕는 미국의 노련한 판사처럼. 자신의 주관적 의견이 아니라 시민들의 창의적 의견들을 골라내어 세상에 그들의 뜻이 펼쳐질 수 있도록 돕는 것을 정치가의 참다운 의무로 이해하고 실천하라. 이것이 봉황 시대의 창조정치다.

자신의 블로그를 모두에게 개방하여 좋은 제안들이 자신의 블로그에 올라오는 것을 그 정치인의 인기(人氣)로 생각하고 이를 영예롭게 여기라.

그만큼 그 정치인의 덕(德)이 높다는 뜻이다.

시민들의 의견을 반영하되 누구의 아이디어인지에 대한 출처를 반드시 밝혀라. 그리고 나중에 이를 반드시 포상하여 창안자의 긍지와 명예를 북돋워 주라.

이것이 정치인의 지혜이며, 이것이 세상에서 널리 방법을 구하고 시민 속에서 살아 움직이는 진정한 정치를 하는 방법이다. 또 이런 과정에서 국가적 소임을 이어나갈 후계 정치인이 자연히 발굴되고 길러질 것이다.

정치인으로서 습득한 모든 권모와 술수조차 그런 훌륭한 아이디어들을 보호하고 실천하는데 동원하여 온 힘을 다해 노력한다면 민심은 물론이고, 발끝에 차이는 돌멩이마저 그를 도우려 나설 것이며, 드디어 정치인으로서 깨달음의 경지에 도달할 수 있을 것이다.

이것 이외에는 모두 악행(惡行)으로 생각해도 좋다.

정치인이 공부하는 것도 그런 아이디어를 찾을 수 있는 탐구력과 그런 아이디어와 마주칠 때 이를 즉시 이해하고 도울 수 있는 능력을 배양하기 위한 것이며, 술을 먹고 춤을 추는 것도, 골프를 치고, 행사에 참석하는 것도 위의 목적을 달성하려는 목표를 위한 것이어야 하며, 나머지는 전부 악행(惡行)이라고 생각하라.

지금은 정치인보다 시민의 아이디어가 빛나는 창조적 개인의 시대기 때문이다. 그것을 결집하고 실천하는 것만으로 국가는 자연히 융성한다.

이러고서야 비로소 대한민국에 정치인은 꼭 필요한 존재가 될 것이다.

3. 한국 문화의 미래 한류(韓流)

한류(韓流)는 미래 한국을 이끄는 원동력이다.

한류(韓流)는 알수록 빠져드는 늪과 같이 세계인을 매료시킬 것이며 결국 봉황족을 하나로 묶어, 봉황족(鳳凰族)의 정체성을 되찾는 견인차(牽引車)가 될 것이다.

정체성을 회복한 한민족은 다시 대의(大義)를 논하기 시작하고, 주변국의 역사 왜곡과 방해공작을 무력화시킬 것이다.

먼저 한국 남성의 대각성(大覺醒)이 일어나, 올바른 아비의 이름으로 잃어버린 봉황족의 정체성과 대의를 회복할 것이다.

한류(韓流)는 처음에 대장금처럼 드라마에서 시작하여 아이돌을 앞세운 K-POP 같은 음악으로 발전하여 무한도전이나 1박 2일 같은 예능프로그램으로 발전하면서 한류 팬들의 저변이 점차 넓어지고 있다. 앞으로 한국인이 무얼 먹고 무얼 입고 어디에 살며 뭐 하고 노는지에 대한 관심이 곧바로 따라 하는 문화현상으로 이어질 것이며, 관련 사업들이 확산할 것이다. 이미 그런 현상이 벌어지고 있다. 갑자기 한국의 요리사들이 쉐프라는 이름으로 여기저기서 활약하는 것이 대세가 되어가고 있는 모양이 그중 한 본보기다.

필요하면 바람처럼 이런 현상들이 여기저기서 일어날 것이며 생각지도 못한 분야들도 일단 바람이 불면 단숨에 대세(大勢)가 되어버릴 것이다.

다음 한류(韓流)는 봉황족들을 만들어낸 환경과 이들이 살아온 역사가 될 것이다. 한국인의 의술과 교육, 가족제도 부모에게 효도하는 자식들, 국가의 위기에 한마음으로 대처하는 국민성, 바람처럼 일어나 불처럼 몰아치는 정의감. 잿더미 속에서 지도자를 만나면 똘똘 뭉쳐 한마음으로 만들어낸 한강의 기적들은 아프리카와 같은 제3세계를 감동시키기에 충분하다.

우리의 평가와 관계없이 새마을 운동이 아프리카와 저개발 국가의 새로운 발전의 엔진이 되어가고 있음이 그 한 증거다. 이념을 떠나 한국인이라면 당연히 자랑스러워해야 한다.

마지막으로 나아갈 한류(韓流)가 바로 다양한 종교가 함께 공존하면서도 이렇다 할 종교분쟁이 없는 한국인의 초월적 종교 DNA이다.

이것은 실질적으로 전 세계적인 종교분쟁을 종식(終熄)시킬 수 있을 것이며, 그때 비로소 한국은 세계역사에 한 페이지를 장식하는 진정한 지도자의 임무를 수행하게 되는 것이다.

향후 한국은 멋진 사람들이 건강하고 맛있는 음식을 먹으며, 세상을 초월한 생각을 하고 평화롭게 살아가는 선망(羨望)의 나라로 여겨지는 시대가 온다.

향후 한국 사람들은 대부분 이전보다 더욱 잘생기고 멋진 몸매를 하게 될 것이다. 한식(韓食)의 우수성과 훌륭한 자연조건과 한국인의 유별한 아름다움에 대한 관심 때문이다. 우리는 신라 화랑(花郎)의 후예가 아닌가?

음식을 보자, 벨기에 출신의 세계적인 요리비평가인 장 삐에르 가브리엘은 이렇게 말했다.

"한국음식의 대부분은 건강식이다. 세계에서 가장 맛있는 수프는 된장찌개다…… 한국의 장은 깨끗한 물과 소금 그리고 콩…… 한국음식의 가장 중요한 부분은 자연이다…… 한국의 자연이 정신과 연결되고 몸과 연결된다…… 한국문화의 중요한 부분은 자연과 정신과 몸이다…… 나는 그토록 복잡한 맛의 짱아지를 된장과 콩잎만으로 만들었다는 사실에 놀랐다."

우리에게는 그저 평범한 한식의 기본재료가 그들에게는 이렇게 철학적인 함의를 띤, 찬사의 가치가 있는 그 무엇으로 다가선 것이다. 그런데 만약 현대 한국인들의 용모와 생활상들이 외국인이 보기에도 멋지고 아름답게 보이지 않았으면 단순히 짱아지만으로 그런 감동을 기대하기는 어려울 것이다. 그는 틀림없이 한국의 멋진 남녀들의 세련된 모습을 보고 나서 콩잎 짱아지를 먹어보았을 것이다. 이 두 가지 이미지를 자연스럽게 연결하는 또 하나의 상징으로 한국의 아름다운 풍경을 떠올렸을 뿐이다.

소박함이 자연과 합쳐져 세련된 인간을 만들어내는 반전(反轉)이야말로 그 자체로 멋진 이야기가 되는 것이다.

한국은 실제로 한발 한발 서서히 그런 나라가 되어가고 있다.

그리고 그런 일은 갑자기 현실이 되어 우리에게 드러날 것이며, 그때는 누구나 기쁜 마음으로 우리가 만들어낸 새로운 신화를 지켜나가기 위해 힘쓰는 시대가 올 것이다.

만왕만래(萬往萬來) : 이 법칙은 누구도 예외(例外)가 없다.

그러면 다음, 만왕만래(萬往萬來)란 무엇인가? 萬이라고 하는 것은 무수히 많다는 뜻이지만, 여기에서는 모든 것이라는 뜻으로 누구도 예외가 없다는 의미이다. 즉 하늘 아래 그 어떤 존재든 이 일묘연(一妙衍)의 법칙을 벗어날 수가 없다. 그것이 萬의 참뜻이고, 왕(往)과 래(來)는 그것이 순환된다는 뜻이다.

초간본(楚簡本) 노자(老子) 도덕경의 도법자연(道法自然)장에 나오는 대왈서 서왈원 원왈반(大曰逝 逝曰遠 遠曰反 : 대(도)란 끝없이 흐르면 멀어지고 멀어지면 다시 돌아오는 것)도 바로 이것을 가리키는 말이다.

또 여기에서는 오다/가다라는 것인 일묘연(一妙衍)의 궤적(軌跡)을 말하는 것이지만, 생명의 입장에서 보면 오다는 태어나다 가다는 죽다. 즉, 생(生)과 사(死)를 말해도 틀린 말은 아니다.

어떠한 의지와 방향성도 없는 가장 자연스러운 생명 그 자체의 흐름에 의해서 어떠한 예외도 거스름도 없이, 모든 것이 가고 (또는 죽고), 오는 (또는 태어나는) 것이다. 이것은 본성의 움직임이며, 이는 곧 사랑이며 정의이다.

11 영생(永生)이란 무엇인가?

쓰이고 통하려면 먼저 새롭게 변해야 한다.

"지나온 성공사례는 모두 쓰레기통에 버려라." – 마윈

中	**本**(본)	衍	運	三	三	一	盡	一
天	本	萬	三	大	天	三	本	始
地	心	往	四	三	二	一	天	無
一	本	萬	成	合	三	積	一	始
一	太	來	環	六	地	十	一	一
終	陽	用(용)	五	生	二	鉅	地	析
無	昻	變(변)	七	七	三	無	一	三
終	明	不(부)	一	八	人	匱	二	極
一	人	動(동)	妙	九	二	化	人	無

직역: (실제로 현상계에)쓰이는 것은 (항상)변하는 것이지만, 본성은 변함이 없나니.

최고의 인간계발 비법(秘法) — 용변부동본법(用變 本不動法)

오래가려면 항상 새로워라. 성공하려면 항상 새로워라

"달도 차면 기운다."는 속담이 있다. 권불십년이라는 말도 있다.

통하려면 새롭게 태어나야 한다. 완벽해 보이는 것이야말로 반드시 무너지는 사인이다.

처음 먹은 뜻, 초지(初志)를 끝까지 유지하고, 관철하기 위해서는 오히려 끊임없이 새롭게 변해야 한다는 뜻을 가지는 말이다.

따라서 소위 영원한 생명이란 말은 끊임없이 새로 태어난다는 말에 불과하며, 변하지 아니하면 변형되거나 소멸할 수밖에 없는 것이 이 현상계의 냉혹한 법칙이다. 그러나 그 내면에는 변치 않는 본성이 있고 이는 전혀 변하는 것이 아니다. 라는 사실 또한 결코 잊어서는 안 된다.

이 법칙을 이제 인간사회에 적용해본다.

어떠한 절대 권력도 반드시 무너진다.

조선 정조 때 유명한 권신으로 홍국영이 있다. 홍국영은 세손 시절부터 정조를 보위하며 집권 초기 정조의 개혁에 앞장섰던 유능한 신하였지만, 나중에는 그 자신도 타파되어야 할 외척세력이 되어, 전횡을 일삼다가 결국은 정조의 눈 밖에 나서, 모든 권세를 잃고 귀양살이 중 세상을 떠난 비운의 사나이다.

그의 변절이 왜 잘못된 것인가? 분명 변하라고 해놓고 말이지.

정확하게 말하면 정조의 등극 후에 권력을 잡으면서, 홍국영은 용변(用便)한 것이 아니고, 오히려 그의 숨겨져 있던 성질이 드러난 것일 뿐이다.

홍국영은 자신의 지위와 주변 환경이 완전히 달라졌는데도, 본질적인 탐욕과 어리석음은 오히려 변하지 않았기 때문에, 모든 것을 잃은 것일 뿐, 권력을 잡은 그 상황에서 또다시 새로운 생명으로 태어날(用變) 줄을 몰랐다.

즉 진정한 用變을 하지 못했던 것이 그의 비참한 말로의 원인이었다.

변하지 않으면 재벌도 위태롭다.

내가 겪어본 소니 : 2002년에 삼성물산 일본지사의 소개로 소니 본사(本社)를 방문하였다. 당시만 해도 소니는 세계 최고의 음향기기 및 가전의 대표브랜드였고 삼성은 소니보다 한참 뒤처져 있었던 시절이었다. 소니의 상품기획팀 과장이었던 일본인에게 당시 세계최초의 개발품이었던 자막 MP3 player의 샘플을 보여주었다.

시큰둥하던 그 사람이 주머니 속에서 무언가를 꺼내기에 잠시 긴장했다. 혹시 소니가 먼저 개발했나? 그런데 꺼내놓은 것은 그냥 단순한 MP3 player였다. 물었다. "이걸 왜 내게 보여주는 거지? 자막이 안 나오는 그냥 MP3 PLAYER잖아?" 대답이 웃겼다. "글쎄? 디자인이 예쁘지 않으냐?" '아니 나는 자막이 나오는 MP3(혁신기술)를 보여주었는데 저 친구는 반응도 그저 그렇고 이게 뭐지?' 기분이 나빴다. 그래서 돌직구 한마디를 툭 던졌다. "내가 보기에는 소니는 곧 망할 것 같다. 소위 신상품개발팀의 팀장이라는 사람이 새로운 기술을 보고도 흥분하지 않으면 알조 아닌가? 그런데도 아직 안 잘리고 그 자리에 있다는 것도 소니의 인사관리체계가 정상적으로 가동하지 못하고 있는 상황을 드러내고 있는 것이니. 소니의 장래는 안 봐도 뻔하다." 독한 말이었지만 당시 세계 최고의 전자제품을 생산하는 회사로서 <u>혁신이 사라진 소니가 설 땅은 더는 없었다.</u> 2000년대 초까지만 해도 음향기기와 디스플레이의 황제 소리를 듣던 소니가 지금 어떻게 되었는가?

내가 겪어본 LG : 비슷한 시기 LG를 방문하게 되었다. 당시 대표이사이던 K씨가 같은 수련단체에 있었기 때문에 서로 안면이 있었고, 단체의 총재와 친분이 있었던 인연으로 K대표의 소개를 받아 담담 부장과 미팅하고 휴대폰에 자막 MP3 기술을 이식하는 것을 의논했었는데 며칠 후 구 대표가 답을 가져왔다. 결론은 안 되겠다는 것이다. 그런데 그 이유가 웃겼다. LG의 휴대폰 사업부의 차기 기술개발 로드맵에 우리의 자막 MP3 기술이 아예 없다는 것이다. "그래서 안 된다는 겁니까? 개발 로드맵에 없으니 신기술로 제안한 것인데요? 혹 이 기술이 가치가 없다든지, 실용성이 없다든지 하다고 결론이 났다면 그나마 이해할 수 있겠지만, 회사가 기존에 상상을 못 했던 신기술이기에 안 한다는 것이 말이 됩니까? 그런 말을 하는 사원이 아직 안 잘리고 있는 것도 이상한데, 그런 말을 듣고 제게 아무렇지도 않게 전달하는 대표님도 큰 문제입니다. 이대로는 앞으로 회사의 장래가 매우 어두워 보입니다." 공교롭게도 소니의 경우와 비슷한 시기에 같은 상황에서 같은 이야기를 해주고 말았다. 소니와 LG의 운명도 비슷했다. 지금 LG의 휴대폰 사업은 풍전등화다. 기술이 모자라는 것이 아니라 결정적 시기를 놓친 것뿐이다. 당시 LG의 그 한마디는 단순한 거절의 변이 아니라, 그때까지의 경영 및 기술개발의 원칙이 결집한 운명적인 한마디였다.

스스로 뱉은 말, 즉 로드맵에 없기에 받아들일 수 없다는 그 말은 생명계에 깊숙하게 각인되었고 결국 그 기업 스스로 운명을 결정해 버리고 말았다. 앞으로 스마트폰은 절대로 성공할 수 없다는 것이 당시 LG의 기술 최고 책임자와 경영진의 판단이었던 것이었을까?

결국, 이 때문에 LG폰은 소비자들의 향후 구매 로드맵(?)에서 사라져 버린 것은 아닐까?

결론적으로 말해서 자막 MP3 기술은 이후 거의 모든 휴대폰에 채용되었고, 스마트폰이 나온 뒤에는 한국의 거의 모든 휴대폰이 이 기술을 다 받아들이고 있다.

내가 겪어본 삼성 : 삼성의 경우는 조금 달랐다. LG처럼 스마트폰이 잘 될 것으로 믿지는 않으면서도, 스마트폰 사업을 아예 접어버렸던 LG와는 달리, 다양한 스마트폰 운영체제를 접목하는 스마트폰 개발팀들을 운영하고 있었고, 그중에서도 지금의 안드로이드폰 개발팀 또한 운영은 하고 있었다.

왜? 언제 또 필요할지도 모르는 일이니까? 자, 도대체 재벌이라는 것이 무엇인가? 이 정도 마음의 여유와 시간과 돈을 가지고 있다는 것이 재벌이 중소기업과 다른 단 하나의 이유다. 삼성이 재벌다운 재벌이라면, 소니와 LG는 좀 중소기업스러운 재벌이었달까?

아이폰 3G가 나왔을 때, 노키아도 소니 에릭슨도 아닌 삼성이 단숨에 갤럭시S를 내놓은 다음부터, 세계시장의 판도는 아이폰과 삼성의 2강 체제로 급속하게 굳어졌고, 삼성은 한번 잡은 기회를 절대로 놓치지 않았고 앞으로도 놓치지 않을 것이다. 따라서 소니와 LG는 앞으로도 설 자리를 찾기 어려울 것이다. 그러나 삼성의 이건희 회장이 쓰러진 지금, 2세가 그 자리를 대신 할 수 있을까? 나의 대답은 좀 부정적이다. 아버지처럼 치열한 투쟁을 거친 성공 경험과 직관이 없기 때문이다. 한 예로 2014년 초에 삼성은 중국의 사오미를 인수할 수 있는 찬스가 있었는데, 그 2세 밑에서 책임을 지고 총대를 메겠다는 임원이 없어 최종적으로 무산되었다는 소문이 IT업계에서 바람을 타고 떠돌아다니고 있다. 왕년의 이건희 회장이라면 어떠했을까? 모험할 때와 지킬 때를 모르면 총수 자격이 없다. 이제 이재용이 이끄는 삼성의 앞날 또한 험난할 것이다. 용변부동본의 진정한 의미를 알고 적극적으로 실천한다면 혹시 모를 일이지만……

21세기에는 모든 것이 변할 것이다.

지금 우리에겐 새 시대에 맞는 새로운 스토리가 필요하다.

지난 세기에 우리는 많은 성공스토리를 만들었고, 또 남들이 만들어 놓은 이야기를 소비하였다. 그때는 그저 열심히만 하면 일감은 얼마든지 있었고, 공부만 열심히 하면 앞날이 보장되었고, 변호사 의사 같은 직업 자체가 개인의 삶을 풍요롭게 보장해주었다. 공장은 주특기가 있어 한 가지만 잘 만들면 되고, 영어 몇 마디를 할 줄 아는 것만으로 생계를 꾸려 나가고 성공을 꿈꿀 수가 있었다. 그런데 오늘날은 이 중에서 단 한 가지도 더는 진실이 아니다.

이제 우리가 기댈 수 있는 이런 부류의 성공스토리는 이 전 시대에 모두 소비하였기 때문에 이젠 더는 존재하지 않는다. 지금은 우리가 지금 당장 소비할 수 있고 앞으로 우리의 후손들이 소비해야 할 새로운 이야기를 지금 우리가 스스로 만들어나가야 하는 열린 운명의 시대이다. 그래서 "지나간 성공스토리는 모두 쓰레기통에 버려라. 또, 99%가 옳다고 하는 이야기는 당장 쓰레기통에 버려라."라고 말하는 알리바바 회장 마윈의 말은 지나간 성공의 스토리를 소비하면서 사는 한국에 더 적절한 충고일 수 있는 것이다.

일부 언론에서 한국의 젊은이들을 정치적 불만세력으로 키우기 위해 강력하게 밀고 있는, 소위 금수저를 물고 태어났느니 흙 수저를 물고 태어났느니 하는 말들은 모두 본성을 통찰하지 못한 어리석음에서 오는 쓸데없는 허언(虛言)일 뿐이다. 이들의 선동으로 자리에 주저앉아 세상을 원망만 하다 인생을 보내는 사람들이 있다면, 언론이든 정치인이든 그 선동의 죗값이 절대 가볍지 않음을 곧 알게 될 것이다. (☞ 다가올 미래 예언 참조)

다행스럽게도, 혼란의 시기에 이 시대와 미래를 함께 관통하는 진정한 성공스토리의 본질을 우리는 천부경에서 찾을 수 있다.

바로 이 구절 용변부동본, 성공하려면 변해야 한다는 구절이다.

"마누라와 자식만 빼고 다 바꿔라(그리하면 결과는 내가 책임질 것이다.)" 이건희 회장과 삼성이 이 말 한마디로 어떻게 달라졌는가? 20년 후 삼성은 세계의 일등기업이 되었다. 이제 후계자인 그의 아들 이재용 부회장이 정작 귀를 기울여야 할 부분은 뒤의 괄호 안 숨겨져 있는 부분이다. 변하면 도전하는 것이고 도전하면 대가가 따른다. 변하고 판단하고 책임지는 것이 각각 다르다면 그것은 그저 변덕일 뿐이다. 모든 직원의 혁신을 요구해놓고 정작 자신이 이를 감당할 능력이 없다면 결과는 비극이 될 수밖에 없다.

이건희 회장은 그것을 지켰는데 후계자는 과연 그 책임을 누구에게 지울 것인가에 삼성의 운명이 갈릴 것이다.

영생(永生)이란 무엇인가?

용변부동본은 진정한 영생(永生)의 비밀(秘密)이다.

용문산의 천 년 된 은행(銀杏)나무는 오늘도 청춘(靑春)이다.

무명(無明) **무명**(無命)

— 세당

창밖에 이미 봄이 와있는데
혼자만 겨울이라 여기는 나무는 어떤 나무인가?
그 생각의 단단함이 새잎을 내지 못하네.

> 땅에 깊이 뿌리박고 있으면서도
> 뿌리를 부정하는 나무는 어떤 나무인가?
> 나무를 죽이는 것은 곧 어리석음이니.
>
> 뿌리는 이미 물에 닿았거늘
> 정작 물을 모르는 나무는 어떤 나무인가?
> 고통 속에 말라 죽어가는구나.

용문산은 마의태자가 꽂은 지팡이에서 싹이 났다는 전설을 가진 천 년 묵은 은행나무가 유명하다. 봄에 그곳에 가보면 나무 주위에 땅을 뚫고 나온 무수한 새싹을 발견할 수가 있다. 주변의 은행나무들보다 더 많고 더 파랗게 생명력을 발휘하고 있다. 우리가 보아야 할 것은 천 년의 관록이 아니라 아직도 팔팔한 그 젊음이다. 그 은행나무는 천 년이 훌쩍 지난 올가을도 잎이 떨어지고 내년에는 또 틀림없이 여전히 파란 새잎을 낼 것이다.

관록(貫祿)이란 이미 완성된 것이 천 년을 풍화하면서 버텨온 기록이 아니라 천 년 동안 자람을 반복해온 청춘의 기록일 뿐이다.

은행나무는 천 년의 긴 세월을 풍화되지 않는 단단함으로 버틴 것이 아니라 끊임없이 변하고 날로 새로워지므로 살아왔기에, 앞으로 천 년을 더 살 수도 있다. 이것이 바로 영생의 비밀이다.

이처럼 영생이란 오래 버티는 것이 아니라 날로 새롭게 변하는 것이다.

유교의 사서(四書)의 하나인 대학(大學)은 하루하루 날마다 거듭 새로워진다는 뜻으로 일일신 우일신(日日新 又一新)이라하여, 이 용변(用變)의 중요성을 거듭 강조하고 있다.

오직 새로워짐을 사랑하는 것은 인간이 살고자 하면 마땅히 해야 할 일임과 이며 동시에 앞서 말한 "그래서 어쩌란 말인가?"란 물음에 대한 명쾌한 답이다.

불교에서는 삼법인(三法印) 가운데 하나로 제행무상(諸行無常 : 변하지 않는 것은 없다.)이라 하여, 생명의 본질을 정확히 갈파하고 있다.

이 말은 또한 자연 그 자체의 핵심을 설파함으로써, 자연법적인 용변부동본의 가르침을 지지하는 구절로 손색이 없다.

이쯤 되면 독자들도, 불교 기독교 유교 도교가 천부경과 본질에서 같은 말을 하고 있음을 좀 더 명확하게 이해할 수가 있을 것이다.

용변부동본과 노인이 늙지 않는 비결(秘訣)

동심(童心)을 회복한 노인은 늙지 않는다.

20세기 초 미국 시인 새뮤얼 울먼은 이렇게 읊었다.

"청춘이란 인생의 어떤 한 시기가 아니라, 어떤 마음의 상태다. 장밋빛 볼, 붉은 입술 그리고 유연한 무릎이 아니라 의지(意志)의 문제요, 상상력의 수준(水準)이며, 감정의 생기(生氣)다."

"단지 나이로만 늙는 사람은 아무도 없다. 이상(理想)을 버릴 때 우리는 늙는다."

1. 공자는 말년에 4가지 마음을 끊었다고 한다.

첫째는 무언가 해야 한다는 마음이 사라졌다.

이는 곧 일부러 마음을 일으키지 않아도 하고자 하는 바가 자연스럽게 일어나고 자연스럽게 그치는 경지에 이르렀다는 것을 뜻한다.

둘째는 반드시 어떠해야 한다는 마음이 사라졌다.

무궤가 드러나, 마음에 고정된 틀이 없어졌다. 무엇이든 될 수 있고 모든 가능성을 열어두는 열린 마음이다.

셋째는 고집을 부리는 마음이 사라졌다.

부처의 깨달음인 응무소주 이생기심의 경지에 이르렀다. 마음이 구름과 같이 가벼워 고집할 이유가 없어졌다.

넷째, 나를 중심으로 생각하는 마음이 사라졌다.

아상(我相)의 사라짐은 곧 마음의 영역이 무한하다는 뜻이고 공자가 깨달은 사람이라는 확실한 증거다.

공자의 이 네 가지 마음은 예수가 말한 갓난아이의 마음과 완전히 같다.

"나이 먹은 노인이라도 칠일 갓난쟁이에게 삶의 자리를 묻는 것을 주저하지 않는다면, 그 사람은 앞으로도 계속 생명으로 살아갈 것이다." (도마 : 4장)

이처럼 공자의 경지는 이미 예수의 깨달음과 같았을 뿐 아니라, 늙어 죽을 때까지 이를 실천하였던 위대한 성인(聖人)이었다.

2. 노인이 늙지 않는 법

갓난아이에게 배워라. 그러면 늙지 않는다.

영화 인턴(로버트 드니로, 앤 해서웨이 주연)의 주인공 벤(드니로 분)은 70세의 은퇴자다. 꼴통도 아니지만, 젊은이들에게 다가가려 애쓰지도 않는다. 그런데도 그는 젊은 애들이 우글거리는 SNS 기반의 모바일 전자상거래 업체에 정책적으로 시니어 인턴으로 받아들여진다. 아무도 자기를 신경 쓰지 않고 기대하지도 않는 그 회사에 입사하였지만 짧은 시간 동안에 대표를 비롯한 모든 이들에게 환영받고 그들에게 없어서는 안 될 존재가 된다. 영화 속에서 벤은 그냥 할아버지가 아니라 경험과 지혜와 능력을 갖춘 귀여운 오빠다. 그러니 어찌 환영받지 않을 수 있겠는가?

늙지 않고는 얻을 수 없는 것이 있다면 바로 이런 것이라는 것을 극 중 배역 벤이 보여 주었다. 다행히도 이 글을 쓰고 있는 지금, 인턴은 한국에서 박스 오피스 1위에 등극하였고 한국인들은 지금 70세 남자의 재취업 이야기에 열광하고 있다. 이는 한국 사회가 급속히 고령화 사회로 바뀌고 있는 현실이 오히려 새로운 희망의 단초가 될 수 있는 일대 사건이라고도 할 수 있다.

이제 다시 예수의 말씀으로 돌아가 보자.

"70 늙은이도 난 지 7일 된 갓난쟁이에게 삶의 자리를 묻는다면 그는 죽음을 맛보지 아니하리라."

3. 노인이 꼭 배워야 할 갓난쟁이의 덕목(德目) 세 가지

첫째, 무엇이든 될 수 있고, 받아들일 수 있는 무한한 가능성과 감수성이다. 인생의 다양한 경험을 통해 확신에 가득한 노인도 한때는 어린이였다.

그가 회복할 것은 어린이였을 때의 순수한 마음이다. 인생의 모든 일을 겪고 나서 다시 어린이의 순수함을 회복한다는 것은 생각만 해도 얼마나 멋진 일인가?

어떤 말도 순수하게 받아들일 수 있는 지극히 유연한 의식으로 무엇이든 될 수 있다는 어린이의 소망을 회복한다는 것은 문자 그대로 노년의 기적이다.

예수의 지혜를 빌린다면, "겪은 것을 분명히 기억하되 먼저 그것만을 앞세우지 않을 것, 새로운 사실을 받아들이는데 열린 마음으로 주저하지 말 것, 그리고 가장 중요한 것은 자신을 항상 새롭게 하는 것을 유일한 삶의 기쁨으로 삼을 것이다."

영화 인턴의 벤이 정확히 그런 사람이다. 그가 직장을 새로 얻게 되기까지 그의 말처럼 마음에 구멍이 뚫린 느낌의 실체는 돈도 여자도 명예도 아닌 바로 더는 새로울 것이 없는 일상 때문이었다.

오직 새로움 만이 그를 흥분시키고 기꺼이 밤늦게 일하게 하는 것이다.

둘째, 순수한 추구심이다.

어린이의 마음이라고 하는 것은 어려울 것이라고 하는 생각이 없고, 못 찾을 것이라는 생각조차 없다. 그러므로 어린이는 자기가 원하는 것을 끝까지 추구함을 멈추지 않는다. 이런 마음이 인생의 산전수전을 다 겪은 노인에게 새롭게 생겨난다는 것은 또 하나의 기적이다.

마지막으로, 그들에게 배울 것은 끊임없는 호기심이다.

노인이 된다는 것은 감정이 메마른 다는 것이고 이런 사람에게는 설사 눈앞에 예수가 현신한다고 해도 알아볼 리가 없는 것이다.

주변에 일어나고 있는 모든 일에 호기심을 가지고, 무심히 지나치지 않는 노년의 인생은 얼마나 활기찰 것인가?

지나온 삶의 경험을 올바로 쓸 수 있는 그야말로 가치 있는 멋진 인생이 될 것이니!

세당(世堂)의 역

모든 존재하는 것은 반드시 변한다. 아니 변해야만 한다. 변하지 않으면 그 본래의 목적도 존재도 이루거나 유지 할 수조차 없으니.

그러나 변하더라도 본성에 바탕을 둔 초심(初心)은 항상 변하지 말지니 초심을 잃은 변화는 엉뚱한 길을 헤매다 마지막엔 항상 후회뿐이더라.

12 천부(天符)의 수련법(修練法)

본심 본태양앙법(本心本太陽昂法)의 원리와 실체

中	本	衍	運	三	三	一	盡	一
天	心	萬	三	大	天	三	本	始
地	本	往	四	三	二	一	天	無
一	太	萬	成	合	三	積	一	始
一	陽	來	環	六	地	十	一	一
終	昂	用	五	生	二	鉅	地	析
無		變	七	七	三	無	一	三
終	明	不	一	八	人	匱	二	極
一	人	動	妙	九	二	化	人	無

(본심본태양앙 / 本心本太陽昂)

직역: 본심(本心)이 본태양(本太陽)을 우러러보는

본심본태양앙법(本心本太陽昂法)이란 무엇인가? 첫 번째

本心이란 무엇인가?

인간의 무의식 즉 진짜 마음이다.

* 응무소주이생기심(머무름 없이 그 마음을 일으키라/집착이 없는 자연스
  러운 마음) 부처/금강경

* 너희는 세상의 방랑자가 되라. 예수/도마복음

천부경 해설 중 가장 중요한 부분 중 하나이며, 일(一)자와 더불어 가장 오역이 많은 부분이면서도 지금껏 그 비밀이 드러나지 않고 있었던 신비한 구절이다. 이 구절은 정확하게 한민족 고유의 정신수련법인 풍류(風流)의 핵심구결을 말하는 것이며, 다른 말로는 마음을 수련하는 비결(秘訣)이다.

지금까지 우리에게 숨겨질 수밖에 없었던 것은, 뒤에 나오는 앙(昂)에 대한 해석 때문이기도 하지만, 이것을 당시의 우리글인 이두(吏讀)식으로 번역하지 않고, 단지 한문(漢文)이라는 이유만으로 중국 사람들의 문법에 맞춰서 해석하려고 했기 때문이다.

한자(漢字)가 과연 현대 중국인들만의 것인가?

한자로 된 천부경은 고운 최치원이 고대문자를 한자로 번역해

놓은 것이다. 최치원은 신라 사람이고 당시에는 한문을 이두(吏讀)나 구결(口訣)로 읽는 방법이 발달했다.

그런데도 현대의 해설가들은 이를 무시하고 중국식으로 해석함으로 뜻이 통하지 않는 엉뚱한 해석이 되어버리는 것이다.

처음부터 한국 사람들을 위한 글을 한국 사람의 어조와 달리 중국식으로 해석한다는 것부터가 잘못이었다.

많은 천부경 해설자가 본심본태양앙(本心本太陽昻)을 본래 마음은 태양처럼 밝다고 해석하면서 앙(昻)을 해석하지 않고 건너뛰어 바로 明으로 가버리는 어이없는 실수를 해왔다. 그도 그럴 것이 이렇다 할 숫자도 없고 해서 수련자로서 어떤 경지에 있지 않고서는, 혹은 인연이라도 있지 않고서는, 도무지 그 뜻을 가름조차 할 수 없었기 때문이다.

가끔은 본심(本心)이라고 해석하는 사람들이 드물게 존재한다.

그러나 본심이라고 해석하는 사람들조차도 본태양(本太陽)을 명사로 해석하지는 않는다. 참으로 기묘한 일이다.

살펴보면 본심(本心)과 본태양(本太陽)은 마치 한 쌍의 고리처럼 정확히 대응되면서, 합(合)이 딱 떨어지는데도 말이다.

또 한가지의 결정적 오류는 뒤에 나오는 인중천지(人中天地)라는 말이 마침 누구나 해석 가능한 한 덩어리의 "구(句)"로 인식되어버리니까, 이것을 먼저 해석해버리고 나니, 나머지 앞부분은 그냥 건성으로 한 덩어리로 갖다 부쳐 해석하는 어이없는 실수를 저지르게 되었던 것 같다.

"본래 마음은 태양처럼 밝다?" 그래서 어쩌란 말인가?

본태양(本太陽)은 하늘에 떠 있는 그 태양이 아니다.

하늘과 땅과 모든 생물을 포함한 온 우주를 논하는 자리에서 갑자기 보통명사 "태양"이 나타났다면 이를 단순히 태양을 넘어서는 철학적 사유의 개념으로 해석하는 상상력이 필요하다. 더욱이 앞에 "本"자를 척하니 쓰고 있다면 말이다. 천부경에서 本이란 무진본(無盡本), 부동본(不動本) 할 때의 본(本)과 같이 "無"를 대변하는 대명사가 아니던가?

따라서 이 태양(太陽)은 조물주인 무(無)의 상징적 현시(顯示)로 밝음, 사랑, 진리를 상징하는 심볼(SYMBOL)이다.

왜냐하면 태양의 첫 번째 상징이 밝음이고, 진리는 태양의 변함이 없음을 상징하는 말 아닌가? 또 사랑은 모든 생명을 키우는 태양의 성품인 것이다. 그런데 여기에 본(本)이라는 말이 붙으면, 그 뜻은 태양 자체가 나온 곳을 의미한다. 즉 태양이 태어난 본질인 생명 그 자체인 무(無)를 의미한다.

그렇다면 마찬가지로 본심(本心)이라고 하면 당연히 마음의 본질인 오욕칠정 이전의 무심(無心)을 의미한다.

昻은 옥편에 "오를 앙"으로 되어있어서 일반적으로 해석하기가 곤란하였지만, 우러러볼 앙(仰)과 같은 글자로 보아도 무방하다.

사실 이것은 일부러 교묘히 숨겨진 신의 한 수!

즉, 本心 本太陽昻이란 "무심(無心)으로 한 생명인 무(無)를 우러러본다."는 뜻이다. 이러고 보니 이제야 보인다.

분명히 어떤 고도의 정신수련법을 설명하고 있지 않은가 말이다.

이 법을 우리는 本心本太陽昻 법(法)이라고 하는데, 앞으로 오늘날의 참선(參禪)과 명상(冥想)법, 기도(祈禱) 등 모든 종교의 정신 수련법의 핵심이 될 것이다.

즉, 인류의 모든 정신수련법의 원류이며, 진법(眞法)중의 진법(眞法)으로써 삼일신고의 조식(調息), 지감(止感), 금촉(禁觸)의 성통공완법과 한 쌍을 이루는 이른바 "풍류(風流)"의 잃어버린 고리이다.

그렇다면 어떻게 본심본태양앙(本心本太陽昻)을 실천하는가?

본심본태양앙(本心本太陽昻)의 대 전제조건은 의식의 유연함인데, 이것이 없이는 本心도 불가능하고, 本太陽昻도 불가능하다. 이 유연한 의식을 가장 크게 방해하는 것은 '죄의식'을 포함한 '두려움과 열등감'으로 대표되는 '억압적 의식'이다. 이 의식이야말로 자신에게 단단한 껍질을 씌워, 내 속에 있는 무한(無限)이 깨어남을 애써 억누르게 하는 큰 강도(强盜)다. 저보다 못한 남을 경멸하는 생각도 사실은 이 '죄의식과 열등감'으로부터 시작된다.

당시의 예수께서 인류의 죄를 사하였다고 말씀하신 것은 인류에게 원죄라는 것이 존재한다. 라는 것을 인정한 것이 아니라, "스스로 죄를 지었고, 죄 때문에 죽을 수밖에 없고, 그래서 영원히 천국에 갈 수 없다."고만 생각했던 당시 유대인들의 두려움에서 기인한, 억압되고 경직된 '죄의식과 열등감'을 풀어주기 위한 그분의 깊은 배려였을 뿐이다. 내 안에 깃든 무한(無限)(예수는 이것을 '아버지' 또는 '나라'로 불렀다)을 깨닫게 되면 원죄가 없다는 사실도 자연히 알게 될 것이기 때문에……

본심본태양앙(本心本太陽昂)법의 핵심요결은 나를 잃어(아상(我相)의 소멸) 내 안의 무한(無限)을 드러나게 하는 것이다.

그리고 자기 자신을 잃게 하는 가장 확실한 방법은 묘(妙 : 생명)를 만나 빠져드는 것이다.

누구나 한 번쯤은 인생에서 묘(妙)를 만난다. 사실은 매일 매 순간 만나는데 자신이 느끼지 못할 뿐이다. 묘(妙)를 만나서 아상(我相)을 없애기 위해서는 평소 유연한 의식을 견지하여야 한다. 그런데 한 가지 유념할 것은 "자신의 입맛에 맞게 다가오는 妙란 애초에 없다."는 것이다.

자신의 입맛이란 바로 자신만의 틀, 아상(我想)과 습(習)을 말하는 것인데, 묘(妙)의 본질은 인간의 틀을 벗겨서 속에 들어있는 무궤(無櫃)를 드러내는 것임을 안다면, 아상(我相) 즉, 틀이 강한 사람이 묘(妙)를 만나도 이를 알아차려서 받아들일 확률은 거의 없다고 보면 된다. 묘(妙)란 나를 잃게 하는 것이지만 나를 잃을 준비가 된 상태에서야 비로소 알게 되는 것이기도 하기 때문이다.

어쨌든 사람은 묘(妙)를 만나 빠져드는 순간 자신의 틀을 벗게 된다.

자기의 틀이 얼마나 강하냐에 따라 심지어 묘(妙)를 무시하고 지나가기도 하고 반대로 유연한 의식을 가진 사람은 짧은 시간에 묘(妙)에 푹 빠져서 틀을 완전히 벗어나기도 한다. 문제는 妙에 빠졌는데도 불구하고 틀을 벗지 못하는 경우이다. 이때는 극히 위험한 상태라고 볼 수 있는데, 틀이 너무 강하기 때문에 평소의 욕망을 더 크게 키우는 식으로 의식이 왜곡되거나, 심지어 미쳐버리는 경우가 대부분이다. 이것을 일컬어 주화입마(走火入魔)현상이라고 한다.

따라서 묘(妙)를 만나면 무조건 힘을 빼야 한다. 인생의 다시없는 찬스를 놓칠 수는 없지 않은가?

아무것도 두려워할 것은 없다. 우주의 유일한 절대적 가치인 생명을 따르는 일이기에!

주화입마(走火入魔) 현상이란?

사전에 준비가 미처 안 되었거나, 탐욕이 강한 사람이 무한(無限)을 접할 때, 유한한 의식의 틀로 무한을 받아드리는 경우에 생기는 부작용을 말한다. 현실과의 부조화가 일어나 의식이 통제가 안 되면서, 망상에 빠지고, 깨뜨려야 할 아상이 오히려 깊고 굳게 되어는 과정을 주화(走火)라고 하는데, 감정과 기운이 제멋대로 날뛰는 것을 말하며, 증세가 심해지면 자신이 옥황상제나 그 어떤 신적인 존재라는 망상이 일어나고 실제로 이런 것을 겉으로 드러내어 행세하려고 하는 경우가 되면, 정신분열이나 착란이 와서 결국 자신과 주변 사람들에게 크나큰 피해를 주게 되는 것이다. 이것을 입마(入魔) 즉, '마계(魔界)에 빠져 들어간다.'라고 하는 것이다. 이 둘은 정도의 차이일 뿐, 가만 놔두면 결과는 똑같으므로 한데 묶어 주화입마라고 하는 것이다. 현대에는 주로 사이비 종교의 교주나 무당이나 기독교의 사이비 목사 중에 이런 현상이 많이 나타난다.

본심본태양앙법(本心本太陽昻法)이란 무엇인가? 두 번째

초일류(超一流)들의 뇌 사용법

21세기는 우뇌 각성의 시대. 잠자는 우뇌를 깨워라

20세기는 좌뇌(左腦)의 시대였다. 좌뇌는 곧 생존의 뇌다.

지나간 20세기는 분석과 효율과 전문성을 강조하는 산업사회였다.

고등학교와 대학이 완전히 다른 학문을 가르쳤고 대학을 나온 사람은 특별한 대접을 받았다. 대학의 전공을 따라 정해진 길이 따로 있었으며 어느 정도 보장된 미래가 있었다. 기업은 전자 금융 무역 금속 화공 등 각자의 주력업종이 있었으며 이를 중심으로 세를 확장해 나갔다. 공장들은 반드시 주력 생산품이 있고 생산라인은 전문화 세분되어있어 오직 그것만 잘하는 것이 자랑이고 또 경쟁력이었다.

그러나 2015년 현재, 전문지식만으로 더는 먹고살 수 없는 정보화 시대가 이미 도래한 것이다.

다음은 네이버에 최근 일어난 유명 예능 출연자에 대한 스캔들 기사의 실제 댓글이다.

문 : 그런데 K 변호사의 불륜 의심 상대인 도○맘은 대체 누구인가요?
답 : Google 신(神)에게 물어보면 될 걸요 ㅋㅋㅋ

바로 구글에 가서 도○맘을 치니 관련 사진과 글들이 쏟아져 나온다.

옛날 같으면 일간스포츠나 선데이 서울 같은 선정적 신문이나 주간지에 판매 부수를 올릴 더없이 좋은 기삿감이지만, 이제는 누군가에 의해 실시간으로 인터넷에 사진과 저간의 사정들이 자세히 올라와 있다. 도무지 숨길 수도 없고, 심지어 궁금해할 시간도 없이 무엇이든 무한정의 정보가 공짜로 실시간 검색이 가능하다. 이를 두고 누군가는 "이제 지식으로 돈 벌어먹던 시대는 지났다."고 단언하기도 한다. 시기상조기는 해도 아주 가까운 미래를 정확히 짚은 말이다.

아이비엠의 슈퍼컴퓨터 딥블루가 체스 챔피언을 꺾은 사실은 이미 옛날 일이 되었고, 난공불락으로 치부되던 프로바둑 기사와의 경기마저 일진일퇴를 거듭하고 있다. 어쩌면 조만간 프로바둑 기사가 아예 사라질지도 모른다.

과거에는 주변에 가물에 콩 나듯 보이던 석·박사가 이제는 시쳇말로 개나 소나 웬만하면 다 석 박사 학위를 가지고 있다. 이쯤 되면 학위도 별 도움이 되지 못한다. 중국 최고의 부자이며 최고의 혁신가로 알려진 알리바바 회장, 마윈(馬雲)은 최근 한국의 지상파 방송사와의 인터뷰에서 요즘 자신의 회사에 지원하는 석·박사 학위를 가진 지원자를 인터뷰할 때 이렇게 말한다고 한다. "석·박사 학위가 있네요? 당신은 남들이 혁신에 힘쓸 때, 학위취득에만 힘쓴 것 아닌가요?"라고 하면서 "그래, 남들이 스스로를 혁신할 때, 당신이 공을 들인 학위가 어떤 혁신을 하게 되는지 한번 말해보세요."라고 질문을 한 다음 학위에 걸맞은 혁신적 대답이 나오지 않는다면, 더는 볼 가치가 없는 것으로 치부해 버린다는 것이다. 한마디로 통쾌했다.

케이팝 스타 심사위원 박진영이 가장 발전 가능성이 없어 보이는 출연자에게 차갑게 내뱉듯 하는 말이 있다. "더 가르쳐봤자 발전성이 없어 보이네요. 더는 이 분의 노래를 듣고 싶지는 않군요." 마윈의 그것은 이것과 완전히 같은 말이 아닌가? 실용적이지도 높은 수준의 지식을 보장하지도 않으며, 21세기 정보화 시대에는 어쩌면 무용지물인 석·박사 학위를 실제 경험에 따라 한 방에 날려버린 것이다. 물론 마윈이기에 가능한 말이다.

이런 상황들을 초래한 범인은 한마디로 인간의 뇌, 좌측 반구의 소행이다.

흔히들 좌뇌(左腦)는 논리와 이성을 담당하고 지식을 처리하는 기능으로 알려졌지만, 한마디로 말해 좌뇌의 역할은 서바이벌 즉 생존을 위한 제반지식의 입수 및 처리라고 보면 틀림이 없다. 좌뇌의 지식은 먹고 살기 위한 지식이고, 학위취득도 직업을 얻기 위한 학위이고, 공정 또한 효율적인 생산을 위한 공정일 뿐이다.

경영도 재화를 아끼고 이익을 극대화하기 위한 경영이었을 뿐이다.

좌뇌가 빛을 발할 때는 정해진 길이 있을 때, 그 길을 정확하게 진입해서 목적지에 도달할 때까지다.

그런데 말이다. 막상 목적지에 도달해보니 예상했던 상황과 정반대의 상황이 벌어진다? 먹을 것도 잠자리도 친구도 미래도 없는 암울한 현실과 맞닥뜨린다? 그러면 어떻게 할 것인가?

그때 인간은 당연히 큰 충격을 받는다. 물론 당신의 좌뇌는 그 상황에서도 오직 이 절망적 상황을 타개하여 생존하기 위해 최선을 다할 것이다. 주변을 샅샅이 살펴보고 친구들에게 구조요청을 하기도 하고 자신이 가진 서바이벌 지식을 총동원하기도 하는 등 눈물겨운 노력을 다할 것이다.

그런데 말이다. 그래도 상황이 조금도 나아질 기미가 없다면? 그땐 또 어떻게 할 것인가? 그때가 되면 당연히 좌뇌가 좌절하는 순간이 온다.

결과는? 우울함에 빠지고, 현실을 외면하게 되고, 주변을 의식하지 않게 되고 남아있던 양심과 절제가 허물어져서 알코올 중독자가 되기도 하고, 난잡하게 아무렇게나 막살아가기도 하고, 한마디로 우리가 잘 아는 인생 실패자의 길을 걷게 되는 것이다.

그런데 말이다. 막상 그때가 닥치면 일부 운이 좋은 사람들에게는 이상한 현상이 일어난다. 갑자기 절망이 환희로 바뀌고 새로운 아이디어가 샘솟고 세상을 보는 방식이 180도로 달라지고, 한마디로 이 절망이 계기가 되어 전과는 비교할 수 없는 행복한 인생을 사는 현상 말이다.

과연 무슨 일이 생긴 걸까?

드디어 우뇌가 눈을 뜨기 시작했다. 좌뇌의 완전한 실패와 좌절이야말로 우뇌가 움직이기 시작하게 만드는 시그널이었던 것이다.

우뇌(右腦)는 창조적 깨달음의 뇌(腦)

우뇌는 일반적으로 감성의 뇌로 알려졌다. 한마디로 엉뚱하고 전혀 논리적이지 않기 때문이다. 사실은 논리적이지 않았던 것이 아니라 우뇌의 활동을 좌뇌가 논리적으로 이해할 수 없었기 때문이었다. 이는 또한 지난 20세기까지의 문명이 21세기의 미래문명을 도무지 이해할 수 없는 이유이기도 하다.

현재 우리가 사는 21세기는 전문화, 산업화로 이루어진 지식의 기반 위에 정보화라고 하는 새로운 지식의 패러다임이 세워진, 이른바 초 복잡계 사회라고 할 수 있다. 이는 곧 지난 세기의 전문화, 계열화의 빛이 바래지고, 지식 간의 통섭을 통한 우주 전체의 본질적 깨달음을 얻은 창조적 지성이 지배하는 사회를 말하는 것이다. 따라서 현재는 물론 가까운 미래만 하더라도 창조적 깨달음이 없으면, 누구라도 당장 하류(下流)가 된다.

창조적 깨달음이 없는 석·박사의 99%가 하류로 변한다. 이런 현상은 지금부터 우리 주위만 보아도 지금도 얼마든지 일어나고 있지 아니한가? 넘쳐나는 석·박사 실업자와 함께 이른바 컨설턴트의 무덤이라고 하는 현상 말이다.

뇌과학이 발견한 깨달음의 메커니즘

뇌과학에서의 깨달음이란, 우뇌(右腦)의 전상측두회(귀 바로 윗부분)에서 일어나는 급작스러운 감마파의 솟구침 현상을 말한다.

통섭을 통한 깨달음이란 좌뇌와 우뇌의 유기적인 소통을 말하는 것이고, 이것을 주관하는 뇌는 우뇌이다. 드렉셀대학의 심리학자 존코니어스와 함께 인간의 깨달음의 실체를 뇌과학적으로 해석한 것으로 유명한 뇌과학자 마크비먼에 의하면 통상적인 뻔한 해답이 아닌 새로운 아이디어를 창출하거나, 기존의 일에서 난관에 부딪혔을 때 인간의 뇌는 이렇게 반응한다.

먼저, 좌반구가 모든 기존의 뻔한 장소(표현이 마음에 든다. 뻔한 장소! 뻔한 생각!)에서 답을 찾기 시작하지만 금세 지쳐버리던지 다른 전략을 택할지를 선택한다. 그러다가 필경, 어쩔 줄 모르고 당황하다가 곧 좌절한다. 그러면 마지막으로 우뇌로 옮겨, 평소에 선택하지 않던 더 황당한 답을 끝없이 찾아 헤매게 된다. 이는 가끔 우리 눈에 '안되는 줄 알면서 계속 어떤 일을 시도하는 멍청이처럼 보일 수도 있는 행동'으로 나타난다. 이 과정을 수없이 반복하다가 마침내 빙고! 방법을 찾아내게 되면, 우뇌의 전상측두회(Anterior Superior Temporal Gyrus/ ASTG)에서 급작스러운 감마파의 솟구침이 일어난다. (이매진 / 조나 레러) 그리고 불현듯 해답이 번쩍 떠오르는 것이다. 이것이 바로 뇌과학적으로 본 깨달음의 실체다.

그런데 중요한 것은 깨달음의 전제 조건으로 좌뇌의 좌절이 필수적으로 요구된다는 것이다. 따라서 지금까지 하던 대로 해서 도저히 안 되는 일이 생긴다면 그것이야말로 깨달음에 필요한 필요 조건이 갖춰진 것으로 보아도 틀림이 없다. 말하자면 고통(苦痛)이야말로 내 안에 갇혀있는 초자아(超自我)/무한(無限)을 깨우는(깨달음) 최고의 지름길인 것이다.

그러나 고통을 겪지 않고 또는 최소한으로 겪으면서 깨달음에 이르는 길은 없는가? 답은 물론 있다. 앞서 말했듯 고통이란 인간을 깨달음으로 이끌려는 목적 하나밖에는 없다. 그렇다면 인간이 깨달음으로 이르는 길을 직접 찾아든다면 그리고 좌뇌가 좌절하는 환경을 일부러 만들어 낸 다음 우뇌가 깨어나도록 만들거나 직접 우뇌의 각성을 초래하는 방법이 있다면, 고통을 받아야 할 이유 자체가 소멸할 것이 아니다? 적어도 이론상으로는 그렇다.

황당한 생각이 아니라, 적어도 우리가 아는 불교는 이렇게 탄생한 종교다.

불교의 수련 원리의 하나로 깊은 정신 수련을 통하여 "우리가 보고 느끼는 세상의 본질이 모두 공(空)하다."라는 깨달음으로 모든 고통을 뛰어넘는다.

218

천부경을 통해 알게 된 본심본태양앙법(本心本太陽昻法)의 실체(實體)

내 안에 깃들어 있는 초자아(超自我)를 깨우는 방법

여기에, 필자가 천부경에서 얻는 天, 地, 人의 세 가지 본심본태양앙법을 소개한다. 지금까지 우연을 가장한 필연으로 나에게 전수된 천부경의 정수가 모두 여기에 들어있다고 해도 과언이 아니다. 이 수련법은 기존종교의 창시자들인 석가, 공자, 예수, 노자의 가르침과 긴밀히 연결되어 있으며, 신라의 최치원에 의해 풍류로 알려졌던 잊힌 정신수련법이 오늘날에 복원되었다는 데에 의의(意義)가 있다. 수련법들이 비록 나를 통하여 나왔지만, 인연이 있는 사람에 따라서는 더 크게 대성할 수 있으며, 이는 곧 전적으로 그의 몫이다.

수련법은 본디 하나(一)였지만 일석삼극(一析三極)의 원리에 의해 저절로 셋으로 나누어 각기 다른 인연으로 필자에게 다가온 것이다.

처음에는 단지 천부경을 암송하는 것으로 시작하여, 폭풍 같았던 삶을 통하여 천부경과의 교감이 본격적으로 시작된 다음에는, 그 속에 들어있는 생명력을 하나하나 깨닫게 되었고, 이후에는 크게 하고자 함이 있으면 주변 환경이 바뀌기 시작하고, 새로운 사람이 나타나고 마침내 뜻이 이루어짐을 여러 번 경험하였다. 지금 시중에 정신을 수련하는 법이 많지만, 모두가 세속을 번다하게 여겨 미워하거나 잠시라도 떠나려는 도피성 수련이거나, 세상이 망하는데 자기들만 살아남는 비결이라든지, 자신이 미륵이나 재림 예수라면서 사람들을 현혹해 전 재산을 빼앗는 경우가 비일비재하다. 모두가 인간이 무엇인지를 모르는 무지에서 비롯된 것이다. 고백하건대 과거의 나 또한 그렇게 무지했다. 그러나 이제 우리 앞에 천부경이 있다. 내가 알아낸 비밀을 송두리째 세상에 드러내는 것이, 세상을 현혹하는 혹세무민(惑世誣民)의 엉터리 지식으로부터 세상을 보호하는 한 방편이 될 수도 있는 것이라는 판단도 있었다.

세상을 움직이는 것은 결코 한 사람의 뜻으로 되는 것은 아니지만, 세상 모든 일이 처음에는 한 사람의 뜻으로부터 시작하는 것만은 분명한 사실이므로, 이제 눈 뜬 봉황의 시대를 맞아, 좋은 사람들과 함께 힘써 나누고자 할 따름이다.

천(天): 천부진명검(天符眞命劍)

정신에 깃드는 진리의 내비게이션으로, 삿된 것을 물리치고 항상 본성과의 교류를 통해 의식의 균형을 잡아준다.

천부경(天符經)의 진정한 뜻을 새기며, 본성을 그리워하는 마음으로 큰 소리로 끊임없이 암송하면 인연이 있는 자에게는 저절로 점차 내면에 깃들어있는 본성(本性), 무궤(無櫃)가 깨어난다.

원하는 것을 간절히 생각하면 점차로 주변에서 그것을 실행할 수 있는 환경이 만들어진다. 평소에는 잘 모르고 있다가 꼭 필요한 결정적 순간에 칼처럼 기세가 일어난다. 본성에서 일어나는 하늘의 칼이라 하여 천부진명검이라 한다. 나중에 알게 된 깨달음의 뇌 현상 중에 우뇌의 전상측두회에서 일어나는 감마파의 급작스러운 솟구침 또한 형상이 마치 칼날과 같아서 이름을 더욱 실감나게 뒷받침해준다.

먼저 천부경의 의미를 완전히 이해한 다음, 이른 아침이나 잠들기 직전에 천부경의 진정한 의미를 새겨가며 정성스럽게 소리 내 읽는다.

수련자의 자질(資質)에 따라 점차 환경이 만들어지고 서서히 깨달음이 온다.

필요하면 저절로 발휘되며 세상을 보는 눈이 크면 클수록, 내면의 의식의 크기가 크면 클수록, 순수한 분노가 크면 클수록, 측은한 마음이 크면 클수록, 그 힘은 무한대로 뻗어 나간다.

천부진명가(天符眞命歌 : Saint Sword)

이 세상 속에 내가 있고
세상은 또 무한(無限) 속에 떠 있는 것
내가 곧 무한이니
모든 것이 한마음에 달렸도다

대지에 발을 딛고 서 있으나
머리는 푸른 하늘에 떠 있나니
천지가 내 안에서 하나 될 때
새 하늘과 새 땅이 드러나리라

마음이 일어나매 큰 칼과 같고
바람처럼 자유롭도다.
때가 되면 절로 일어나고

뜻을 이루면 절로 멈추나니
세상에 풍류(風流)가 어찌 없다 하리오.

지(地) : 세인트 어드바이스(Saint Advise) : 관세음(觀世音)의 라디오

세상과 인간의식의 주파수가 서로 동조되는 경지이며 원하는
것에 대한 답을 얻고 유의미한 해석을 할 수 있다.

불교의 관세음보살이란 실제로 존재하는 인물이라기보다는 세상
의 소리를 바르게 관(觀 : 꿰뚫어 봄)하는 사람이나 수련법을 뜻하는

것이다.

세인트 어드바이스 현상이 발생하기 시작하는 전조(前兆)는 이렇다.

처음엔 공교로운 일이 일어나고 이것이 잦아지면서 이 모두가 우연을 가장한 나를 둘러싼 환경과의 필연적 소통현상이라는 것을 불현듯 깨닫게 되면, 어느 순간 적극적으로 이 현상을 받아들이기 시작한다.

익숙해지면, 세상 모든 것이 내게 말을 거는 신기한 경험을 하게 된다.

실제로 사물이 나에게 말을 하는 것은 아니지만, 생판 처음 보는 사람들이 다른 사람은 관계없고 꼭 내게 필요하고 나만 알아들을 말을 한다. 그리고 그 말들은 내게만 또렷하게 전달된다.

어찌 보면 마치 암호 같지만 마침 내게는 그 암호 풀이 집이 있는 것과 같은 현상이다. 궁금한 것이 생기면 즉시 답이 오는 경우도 있지만, 샤워하거나 택시를 타거나 거리를 걷거나 하는 예측할 수 없는 순간에 우연처럼 모든 공간에서 모든 사물이 답을 준다, 심지어 꿈은 물론 아침에 펼친 신문에서도 내게 꼭 필요한 것들에 대한 답이나 힌트가 눈으로 뛰어든다.

한마디로 말해 세상 전부를 수련자의 귀로 사용하는 방법이다.

세인트 어드바이스를 수련할 준비가 되어있는 자는 스스로 인생을 통한 자기만의 맞춤 화두를 들 수 있는 사람이다.

사실 화두란 드는 것이 아니라 사는 것이고 겪는 가운데 공감하는 것이다.

다음은 노동시인으로 알려진 박노해의 시 '나는 순수한가'의 일부이다.

'나는 순수한가'

나의 분노는 순수한가
나의 열정은 은은한가
나의 슬픔은 깨끗한가
나의 기쁨은 떳떳한가
오 나의 강함은 참된 강함인가?

나는 최근의 인물로 이만큼 진실한 글을 쓰는 사람을 더 알지 못한다.

시(詩)는 치열한 삶의 과정을 거친 사람의 깨달음의 경지를 날 것으로 보여준다. 그의 깨달음은 치열한 삶의 전쟁 속에서 무심결에 던져진 자신만의 맞춤 화두를 들고 치열하게 살다가 자연스럽게 일어난 현상이다. 이렇게 화두는 살아가는 것이지 참구하는 것이 아니다. 치열한 삶의 결과로 알아지는 것이고, 무릎을 치는 것이고 가슴을 쥐어박는 것이고 뜨거움이 치밀어 오르는 것이고 그리고 기쁨으로 오늘과 내일이 확연히 달라지는 것이고, 때로는 담담하게 지금을 살아가는 것이다. 삶에서 저절로 주어진 화두야말로 카르마에서 비롯된 진실된 것으로 이는 마치 병(病) 속에 약(約)이 있는 이치와 같다.

이것을 맞춤 화두라 할 것이고, 삶에서 이것을 찾고 이것으로 살아갈 기회를 가진 자는 기뻐해도 좋다. 그는 삶의 참 의미를 알고 지금 이곳에서 천국을 볼 것이므로, 세인트 어드바이스를 깨달은 자는 기뻐할지니 맞춤 화두를 끝까지 살아갈 수 있는 내비게이션을 가진 셈이므로······

따라서 시인의 이 깨달음이야말로 산문(山門) 안에서의 깨달음과는 확연히 다른 것이며, 그의 깨달음이야말로 금강(金剛)의 깨달음으로 다시는 미혹(迷惑)으로 돌아오지 않을 것이다. 과거 그의 추종자들로 이루어진 노무현 정권 내내, 박노해는 이때라고 정치로 복귀하는 무리와는 달리, 복귀를 거부하고, 오히려 NGO 활동을 하고 있었다는 사실은, 바로 그의 깨달음이 흔들리지 않음을 말해주는 확실한 증거이다.

인(人) : **바람의 걸음, 풍운보**(風雲步 : Wind Walking)

無는 곧 바람이다.

스스로 바람이 되어 사람 안에 있는 무한(無限)을 드러낸다.

풍운보는 우뇌폭발법(右腦暴發法)의 정수가 숨어있는 고차원적이고 형이상학적인 걸음으로 자주 걸으면 모든 스트레스를 털어내고, 새로운 아이디어가 솟게 하는 비밀의 걸음이다.

풍운보의 원리는 불교의 대표적 수련법인 화두선과 비슷하다. 다만 화두선은 선방에 앉아서 하고 화두를 끝없이 참구하는 것이라면, 풍운보는 생활에서 누적된 스트레스와 원망과 분노와 두려움을 화두 대신에 들고, 참구하면서 스틱을 짚으며 네 발로 빠르게 걷는 것이 표면상 전부다. 스틱을 잡고 손바닥으로 헤드를 누르는 방법에서는 외견상 소위 노르딕워킹과 확실히 구별된다.

이렇게 하면 인간 내면에 존재하는 무한(無限)을 가로막고 있는 어두운 에너지를 한 곳으로 응축하여 마침내 폭발시켜 없애버린다.

이에 내면의 생명력이 드러난다.

이는 또 뇌과학적으로는 좌뇌(左腦)의 생존 논리적 사고의 좌절(挫折)과정을 촉진해 자연스럽게 우뇌의 각성을 촉발한다. 이에 필연적으로 발생하는 뇌의 우반구의 폭발적 각성으로 인해 걷는 도중에, 이 세상의 본성인 무한(無限)과 수련자의 뇌파가 서로 동조(同調)되는 경지에 이르게 되며, 본성(本性)에 대한 통찰력이 생긴다.

풍운보를 걸으며 나머지 두 가지 법 중에 천법(天法)인 천부진명검과 병행하게 되면 큰 시너지가 일어난다. 풍운보로 인하여 지법(地法)인 세인트 어드바이스는 더욱 정교해지며, 누구나 자신만의 인생 경험 때문에 그 의미를 스스로 깨우치므로, 관심 분야가 점점 넓어질 뿐 아니라, 더욱 깊어진다.

걸음 도중에 떠오르는 생각만으로도, 잘 정리하면 능히 한 권의 책을 쓸 수 있을 정도가 된다. 필자의 졸저들은 모두 이 풍운보라는 걸음을 걸으면서 저절로 떠오른 상(像)과 글들이 기본이 되었고, 글을 쓸 때는 한번 생각이 떠오르면 걷잡을 수 없이 쏟아져 나오며, 평소 생각도 못 했던 원리들을 절로 깨우치는 신기한 경험을 수도 없이 하게 되었다.

절망감에 자살을 생각하던 사람도 이 걸음을 제대로 걸으면 반드시 마음을 돌린다. 우울증이 사라지고 자세가 곧아지고, 보폭이 넓어지고, 심장이 튼튼해지고 우뇌가 발달하며 마음이 넓어지고 매사에 느긋해진다. 억울한 일이 있으면 이 걸음을 걷고, 절망감이 사무칠 때도 풍운보를 걸어라. 어떤 일이든 반드시 일어날 것이다. 그리고 그 고통에서 점차 벗어나 원래 가려고 했던 그 길을 미련 없이 홀가분하게 가게 된다. 등산용 스틱 한 쌍만 있어도 되니 돈이 없어도 얼마든지 할 수 있는 국민운동이 아닌가?

한국은 지금 봉황이 눈을 뜬 땅이며, 물과 산, 바람이 있는 천하절경(天下絶景)이 도처에 깔려있어, 풍운보를 걷기에 최적의 환경이 펼쳐져 있다.

풍운가(風雲歌) : 바람의 시대

물과 산이 있는 그곳에 바람의 길이 있다

길을 걸으면, 몸과 마음에 바람이 인다.
바람이 일면 모든 것이 바람으로 변한다.
바람은 틀이 없고 바람은 온 데가 없고
바람은 머무름이 없고, 바람은 자취가 없다.

빛나는 이야기들이 죽은 이후, 한순간의 과거는
불사의 원혼으로 현재에 살아있고, 한 때
언제나 찬란했던 미래마저, 이제는 쳐다보기도 싫은
추한 모습으로 눈앞에 어른거리는 디스토피아에서,
사람들은 드디어 내면에 잠들어있는
바람의 소리에 귀를 기울인다.

바람이 불기 시작하면 사람들은 끊임없이
자신만의 새로운 이야기를 만들고, 이야기는
바람에 실려 전해지고,
그렇게 우리는 바람이 되어 서로 통한다.

물과 산이 있는 그곳에 바람의 길이 열려있다.

본심(本心)법

자연스럽게 마음을 집중하는 방법

일상에서 실천하는 본심법(本心法)의 요체는 은근한 마음이다. 힘을 쓰지도 않고 빼지도 않는 정도를 상시 유지하는 경지야말로 능히 세상을 바꿀 수 있는 마음이다.

어느 날 냉동실에 아이스 버킷이 비어 얼음 통에, 물을 채운 다음 냉동고로 가져가는 참이었다. 물은 케이스에 가득 찼는데 나도 모르게 내가 물을 흘리지 않으려 가볍게 긴장하는 모습을 알아차렸다. 내가 어떻게 하나 봤더니 내가 하는 일이란 그저, 케이스에 가득 찬 물을 쳐다보면서 이것을 흘리지 않고 냉동고의 얼음 칸에 끼워두어야겠다는 당연한 생각을 하는 것이 전부였다. 그런데도 내 몸은 신기하게 팔과 다리의 균형과 무게 중심의 이동을 포함한 그 복잡한 물리학적 계산을 알아서 해가며 물 한 방울 흘리지 않고 무사히 얼림 통에 얼음통을 끼워 넣는 것이다. 할 때는 마치 너무나 당연한 것처럼 보이는 그 동작이 사실은 로봇이라면 엄두를 내기도 어려운 복잡하고 어려운 작업이었을 것이다. 그런 작업을 단지 가득 찬물의 표면을 눈으로 쳐다보며 안 흘리고 제자리에 끼워 넣겠다는 의지만으로 해낸 것이다.

아! 그리고 보니 또 하나 중요한 조건이 있긴 했다. 이 과업에 성공하기까지 끝까지 시선을 거두지 않고 물이 가득 찬 얼음 케이스의 표면을 잠자코 지켜보았던 것 말이다.

그때였다. 강력한 느낌과 함께 희열이 왔던 것은!

"사람이 어떤 일을 완수하기 위해 마음을 쓰는 것이 이와 같다면, 그래서 의식이 어느 순간 세상의 본질인 무(無)와 통하기만 한다면, 그러면 어떠한 일이라도 마침내 완수할 수 있을 것이다."

이에 세상에 전한다. 쓰기에 따라서는 이른바 세상을 바꾸고 싶은 사람의 소원성취 심법이기도 하다.

아이스 버킷에 물을 담아 냉장고에 넣을 때 물을 엎지르지 않을 만큼 긴장하지만 지나치지 않는 것. 그 정도의 집중을 유지하는 것, 그것이 요령이다. 먼저 일을 시작하기 전에 이 심법을 건다.

그 정도로만 해도 몸은 물을 엎지르지 않게 저절로 모든 노력을 한다.

그렇게 일을 시작하면 이런 마음을 끝까지 유지하면서 나머지는 하늘이 대신하도록 내버려두라.

중요한 것은 무엇이든 자기가 할 수 있는 일에만 최선을 다한다는 것이다.

그러다 보면 나도 모르는 환경이 만들어져, 원하던 타겟이 어느새 나의 사정권 내로 성큼 다가서 있는 것을 발견할 것이다.

본심법(本心法)의 문징(文徵 : 문헌적 증거)

예수님도 이런 비밀을 알고 제자들에게 비법(秘法)을 전했다.

그분의 비법도 위의 방법과 연관성이 있으므로 소개한다.

> 1 예수께서 가라사대, "아버지의 나라는 대단한 강자를 죽이려 하는 사람과 같다. 2 집에서 편안한 마음으로 있던 그는 칼을 뽑아, 그 일을 할 수 있을까를 알기 위하여, (시험삼아) 벽 속으로 칼을 푹 찔러 넣었다. 3 그랬더니 (어라?) 바로 그 강자가 죽고 말았던 것이다." - 도마복음 98장

여기에서 아버지의 나라는 천부경의 무(無)의 본질적 세계를 말하고, 강자는 이루기 어려운 목표나 절대적 난관을 말한다.

벽은 자기와 가까이 있는 자기만이 할 수 있는 과제를 말한다.

모든 길은 통하며 이 비밀을 안다면 어떤 어려운 일도 쉽게 풀 수 있다.

다만 집중이 필요한 것이다. 심법(心法)은 이 집중에 필요한 것이다.

필자는 지독한 절망에 빠진 어떤 지인(知人)에게 예수님의 이 방법을 소개했다. 그분은 다행히 말의 진의를 알아차렸고, 실행에 옮겼다.

머지않아 정확히 바로 그 문제가 해결되었다.

천부경의 본심법(本心法)에서 배우는 자기계발법(自己啓發法)]

1. 고통에서 벗어나는 비법(秘法)

그대 지금 현실이 고통스러운가? 그러면 스스로 다음과 같이 자문(自問)하라

(1) 왜 이런 고통이 나에게 왔는가?

(2) 이것은 나에게 최종적으로 어떤 좋은 결과를 가져올 것인가?

(3) 위의 두 가지 질문을 수시로 고통을 느낄 때마다 반복한다.

해설 : (2)는 실로 의미심장한 질문이다. 중요한 사실은 대부분은 이런 질문을 스스로 자문(自問)할 능력이 없다. 이 질문을 마음에 새기고 자나 깨나 참구하면 반드시 고통을 창조적으로 벗어날 방법이 생긴다. 모순은 항상 내 안에 있는 것이지 내밖에 있지 않다.

만일 그 모순이 나의 밖에 있다는 사람은 자신이라는 범위를 더 넓혀라. 최소한 본인이 원인이라고 생각한 그것을 덮어 포함할 때까지!

그러면 그때부터 고통의 의미와 해법이 틀림없이 새로 드러나 보일 것이다.

환경 또한 스스로 만들고 지우는 것이다. 개인의 본질은 곧 무한이므로……

이 질문을 스스로 할 수 있는 사람과 아닌 사람은 이후 완전히 다른 인생을 살게 된다. 하나는 고통에서 배워 그 본질을 깨닫는 계기가 되고, 다른 하나는 더 깊은 고통 속으로 들어선다.

하나는 이후 다른 차원의 인생을 살고, 다른 하나는 원망과 회한의 인생의 쳇바퀴를 끊임없이 돌게 된다. 말했듯 고통이 인간에게 주어지는 것은 내면에 들어있는 무한을 깨워 드러내려는 단 한 가지 이유밖에는 없다는 것을 명심하라.

2. 실패를 거듭하는 사람이 인생에서 기어코 목표를 이루는 방법

현실에서 실패를 거듭하는 사람은 재수 없는 사람이 아니라 하늘이 점찍어 단련시키는 사람이다.

요점은 실패할 때마다 더 큰 꿈을 꾸는 결기(決氣)가 필요하다.

결국, 하늘을 감동하게 하는 방법을 소개한다.

(1) 끝까지 최선을 다한다.

지성(至誠)은 기본적 요건이다.

하늘은 항상 당신을 내려다보고 있으며 한시도 떨어져 있어 본 적이 없다.

(2) 철저히 좌절한다.

감천(感天)할 때까지 고통을 충분히 받아야 한다.

도저히 안 되겠다는 느낌이 들 때가 온다. 이 부분을 확실히 느껴가면서 이제는 정말 포기를 준비한다

입에서 단내가 나고 하늘을 원망하는 말이 저절로 튀어나오면, 마침내 때가 된 것이다.

(3) 그래도 한 번 더 버틴다.

인(仁)이면 무적(無敵)이다. (仁者無敵의 참뜻)

주변 상황이 서서히 그러나 확실히 변한다.

하늘이 도울 때가 다되었는데 먼저 포기하면 안 된다.

(4) 사람을 믿지 말고, 끝까지 하늘을 믿어라.

절망의 끝에서 일어나는 감정은 진실하고 그것이 곧 하늘의 마음이다.

이것을 겪어보지 않은 사람의 말은 들을 가치조차 없다.

오직 나의 뜻을 간절히 하늘에 전달하면 반드시 이루어진다.

(5) 질투하지 말고 부러워하라.

자기보다 낫다고 생각하는 사람을 질투하지 말고 진심으로 부러워하라.

부러움은 강력한 흡인력으로 대상의 장점을 내 것으로 만든다.

그것이 이야말로 모든 성공한 사람들이 자기도 모르는 사이에 실행에 옮겨 성공한 비결이었다.

삼일신고(三一神誥)의 조식, 지감, 금촉과 본심 본태양앙법

어떤 이는 천부경이 있으니 지부경(地符經)도 있다며, 소위 지부경이라는 것을 필자에게 해석해달라고 들이미는 경우도 있다. 한마디로 난센스다.

천부경에 이미 천지인의 원리가 한 덩어리로 설명되어있거늘 지부경이라니? 내용을 잘 읽어보지도 않고 잘 몰라서 일어나는 웃지 못할 소동이다.

그런데 천부경(천경)과 쌍을 이루는 경전은 따로 있다. 이름하여 삼일신고(三一神誥) 또는 신고(神誥)라고 한다.

천부경과 짝을 이룬다고 하지만 내용에서 천부경에 참고할 만한 것은 따로 없다. 하지만 삼일 신고 제5장의 인물편의 조식(調息), 지감(止感), 금촉(禁觸)을 통한 성통공완(性通功完)을 설명한 부분은 본심본태양앙법과 더불어 분명한 風流의 수련법중 하나이므로 같이 소개한다.

조식, 지감, 금촉의 목적은 천부경과 마찬가지로 반진일신(反眞一神) 즉 인간을 벗어, 도로 신(神)으로 돌아가는 것. 즉 내 속에 든 무한을 깨워 스스로 무한히 되는 것이다.

조식(調息) 본성인 한 생명과 나라고 하는 개체가 원래 한 덩어리라는 살아있는 증거가 바로 우리가 호흡하고 있다는 것이다. 어떤 이는 호흡 자체를 생명으로 보기도 한다. 따라서 호흡을 통해 생명의 본질로 다가서려는 노력은 당연하다. 규칙적으로 쉬는 호흡을 가늘고 길게 그리고 일정하게 하면서 무심(無心)으로 관조하면 생명과 합일할 수 있는 열쇠를 찾을 수 있다.

조식은 또 본심본태양심법의 기본 중의 기본이다.

지감(止感) 표면적인 뜻은 '느낌을 그친다.'이다. 나라는 의식의 경계 안에서 일어나는 모든 감정(이것이 곧 '나'다)을 그치라는 말은 곧 나를 여의라는 말인데 천부경이 확실한 열쇠를 던져 준다.

바로 묘(妙)를 만나는 것이다.

지감은 곧 생명을 드러내는 방법이다.

금촉(禁觸) 깨달음을 유지하는 방법이다. 촉은 내가 있고 상대가 있어야 만지고 느끼는 것이다. 무(無)의 세계에는 나와 너를 가르는 공간의 차이가 따로 없다. 온 세상이 곧 나이므로 만지고 탐내는 마음이 애초에 사라진다.

예수는 감정과 물욕을 한데 묶어 사람 속에 있는 사자라고 표현했고 다음과 같이 말했다.

> 1 예수께서 가라사대, "사람이 잡아먹을 사자에게 축복이 있으리니 그래서 사자는 사람으로 변하게 될지니. 2 또 사자에게 잡아먹힐 사람에게는 저주가 있으리니, 이는 곧 (사람 대신) 사자가 사람이 될 것이므로." – 도마7장 1~2

감정과 물질의 유혹에 말려드는 자는 영원히 본성과 멀어지고 오히려 감정과 물욕의 본질을 깨달아 적극적으로 대응하는 자는 오히려 이를 통해 그 욕망(사자)이 승화되어 본성인 무한의 세계를 잡아먹어 내 것으로 만들게 된다는 말이다.

진정한 지감과 금촉의 경지를 보여주고 있다.

세당(世堂)의 역

인간의 유한한 의식의 틀을 깨고, 무심으로 한 생명의 본질을 꿰뚫어 깨달은(사람에게는 다음과 같은 일이 일어날 것이다.)

13 명인(明人) : 깨달은 자

본성(本姓)인 무(無)를 깨달은 자만이 천지간의 모순을 통합 할 수 있다.

中天地一 明人								
中	本	衍	運	三	三	一	盡	一
天	本	萬	三	大	天	三	本	始
地	心	往	四	三	二	一	天	無
一	本	萬	成	合	三	積	一	始
一	太	來	環	六	地	十	一	一
終	陽	用	五	生	二	鉅	地	析
無	昂	變	七	七	三	無	一	三
終 **明**	不	一	八	人	匱	二	極	
一 **人**	動	妙	九	二	化	人	無	

직역: 밝은 사람 속에서 천지는 하나가 되고

깨달음이란 무엇인가? 깨달은 자는 어떤 사람인가?

명인(明人)만이 어지러운 세상을 구할 수 있다.

드디어 최고 경지인 명인(明人)이라고 하는 완성자를 부르는 이름이 우리에게 드러난다. 예전에는 보통 이 구절을 일반적으로 인중천지(人中天地)로 해석을 해서, 사람 가운데 천지가 하나가 된다고 표현을 하지만 이것으로는 뒤에 나오는 일종무종에 대한 설명이 전혀 되지 못하며, 천지가 깨달은 사람 속에 하나로 품어지는 원리를 설명할 수도 없다. 하늘과 땅이 하나가 되는 천지일(天地一)이라고 하는 현상은 일반적인 사람의 의식 속에서 일어나는 현상이 아니다. 왜냐하면, 이 천지일(天地一)이라는 말은 바로 예수님이 가르쳐 주신 주기도문에 이르는 "아버지의 나라가 이 땅에 임(臨)하옵시며, 뜻이 하늘에서 이루어진 것 같이, 땅에서도 이루어지이다."라고 하는 구절이 현실화 되는 경지이며, 논어(論語) 술이 편에서 공자가 말한 유어예(遊於藝)즉, 모든 것이 완벽하게 움직이는 "예(藝)에 노닌다."의 경지이며, 부처님의 대각(大覺)자리인 "조견오온개공(照見五溫槪空)"의 경지이기 때문이다.

이러한 현상은 바로 대각자(大覺子)인 명인(明人)의 의식 속에서 이루어지는 현상이다. 이미 한 생명과 합일하여 생명 그 자체로 이 세상을 살아가는 자, 이 明人의 의식 속에서는 천지가 애초에 나누어지지 않은 그 상태(天⎯⎯一, 地⎯⎯二, 人⎯⎯二의 이전 상태), 즉, 무(無)로 완전히 환원(還元)된다.

다시 말해서 이 사람의 의식 속에서는 하늘과 땅이라고 하는 것이 애초에 분리되어 있지 않고, 사람인 자기 자신조차도 애초에 이들과 분리되어있지도 않다는 것을 온몸으로 온전히 깨닫고 있다.

조물주인 무(無)의 본질인 이 무궤의식(無櫃意識)를 깨달은 사람은 의식(意識)과 실생활(實生活) 사이에서의 모든 괴리와 모순이 사라지고, 인간의 조악한 감정에서 비롯된 선과 악의 분별 또한 초월한다.

이때 그 사람은 세상이 온전하게 모든 것이 있게 있어야 할 그 자리에 존재하는 것을 알기 때문에 온 세상은 그냥 아름다운 것이다.

그리고 그 모든 것을 하나도 거스르지 않으면서 사는 그 여유롭고 조화로운 삶을 예수와 석가와 공자와 심지어 약간 의심은 가지만 노자(老子)까지도 분명히 이러한 깨달음의 의식에 도달한 증거가 그들이 남긴 어편(語片)들에 뚜렷이 남아있다.

석가는 반야심경과 금강경과 화엄경을 통하여 그의 깨달음을 설했고 공자는 이러한 삶을 중용(中庸)이라는 말과 논어에서는 유어예(遊於藝)라는 말로 표현했지만, 그 제자 중 극히 일부만이 그 말의 뜻을 이해했으며, 예수는 그의 진정한 어록(語錄)인 도마복음을 통하여, 자신의 이러한 깨달음을 제자들에게 간곡하게 가르치려 노력했으나, 도마를 비롯한 극소수 이외에는 말뜻을 이해하지도 못했고, 노자 또한 천지지간의 이 위대한 생명현상을 허이불굴(虛而不屈), 동이유출(動而愈出)로 표시 한 것을 보면, 이들은 모두 천부경의 본심 본태양앙법과 본질적으로 같은 방법으로 수련하여 위대한 깨달음을 얻었던 명인(明人)들이었다.

깨달은 자는 세상을 근본적으로 바꾼다.

현대 물리학에 의하면 우주는 일종의 홀로그램(Hologram)이다. 우주의 본질은 양자이며, 양자는 파동에너지인데, 개개의 양자의 파동은 홀로그램의 필름과 똑같이 작용한다. 즉 끝없는 숫자의 양자의 파동은 무한한 변화를 일으켜 홀로그램의 필름처럼 작용하여 만상(萬象)의 홀로그램을 만들고 또 사라진다. 이것이 우리가 인식할 수 있는 우주에서 만상(萬象)이 현실로 드러나 보이는 이치다.

그런데 학자들의 연구에 의하면 인간의 뇌의 정보처리구조 또한 홀로그램을 발생시켜 정보를 처리하는 구조로 되어있다는 것이다.

다시 말해 인간의 뇌는 마음먹기에 따라서는 우주를 있는 그대로 이해할 수 있도록, 시뮬레이션이 가능하도록 디자인되어있는 우주의식의 복사판이다.

따라서 인간의 뇌파를 우주의식과 일치시키면, 인간이 우주와 의식을 공유하고, 우주의 발전과정에 인간의 승화된 의지가 반영된다는 강력한 증거가 도처에 발견되고 있다. 다시 말해, 완전히 깨달은 인간은 그 스스로가 우주이다.

이런 사람의 의지가 우주에 투영되면, 하늘은 이 의지를 받아들여 새로운 홀로그램을 만들어낸다. 이른바 새로운 세상이다. 이것이 깨달은 자가 세상을 근본적으로 바꿀 수 있는 이치다.

천부경이 말하는 깨달음에 이르기까지의 인간의식의 발전과정

천부경은 인간이 "나"라는 존재를 인식하는 단계와 본성을 깨닫는 단계와 이 의식으로 새로운 세상을 인식하고 살아가는 단계를 설명하고 있다.

대전제

인간인 "나"는 "무(無)"라고 하는 "한 생명"으로부터 형성된 이 현상계의 일부를 이루는 땅과 하늘과 동격인 존재로서 틀없는 무궤(無櫃)함이 그 의식이 근본이다.

환경의 성립

태어나서 성장할 때까지 몸의 유한(有限)성을 체험하고, 사람과 사람 사이의 관계를 통하여 의식의 확장적 한계(限界)를 경험하고, 시간의 흐름을 경험함으로써 "나"라는 아상(我想)이 확립되며, 공간을 경험함으로써 "나" 밖에 있는 他人인 "너와 환경(環境)들이 존재한다."라는 인상(人相)을 확립한다.

갈등의 발생과 깨달음의 도래, 그리고 새로운 삶

그러나 이 의식을

- 우연한 기회(機會) : 사실은 스스로에 의해 미리 안배된 운명
- 본성(本性)에의 동경(憧憬)에 의한 끊임없는 노력
- 주변환경과의 괴리에 대한 저항
- 새로운 환경에 대한 적응과정

등에 의해 표피적인 "나"라는 의식에서 벗어나 점차 나(몸, 의식) → 가족 → 집단 → 민족(국가) → 세계 → 우주로 의식이 확대가 일어난다. 가끔 이 과정은 뛰어넘어지거나 생략되기도 한다.

이 의식이 경계가 극한으로 확대되는 것을 의식의 폭발이라고 한다.

이것이 바로 깨달음이다. 이 의식의 폭발/깨달음이 일어나려면 그 경계(생각)가 매우 유연해져야 한다.

왜 폭발보다 극단적 유연성을 강조하느냐 하면, 의식의 폭발로 空의 세계를 깨달았다고 해도, 그 상태만으로는 이 현상계를 자유롭게 살아가는 "공자의 유어예(遊於藝)"의 경지가 될 수 없다.

깨달은 자도 세상을 살아가야 하므로 이때 의식을 필요에 따라 "나"라고 하는 의식과 또 그 "나"로 돌아왔을 때의 주변상황(일반인의 눈높이)을 배려하면서 행동해야 할 필요가 있다.

때문에, "의식"의 절대적 유연성이라고 표현함이 더 적절하다.

결국 "명인(明人)"이란 이 모든 것을 갖춘 사람을 말하는 것이다.

세당(世堂)의 역

성통공완자(性通功完者) 즉 깨달은 자의 의식 속에서는 하늘과 땅 그리고 몸과 마음, 의식과 생활사이의 모든 모순이 사라지는 완전한 평화와 질서가 이루어지고

14 거짓 세상의 종말(終末)

종말은 인류의 종말이 아니라 거짓 세상의 종말(終末)이다.

> 예수께서 가라사대, "하늘들과 땅이 너희 면전에서 종이 말리듯 말려 사라질 것이다. – 도마복음 제111장 1절

中	本	衍	運	三	三	一	盡	一
天	本	萬	三	大	天	三	本	始
地	心	往	四	三	二	一	天	無
一	本	萬	成	合	三	積	一	始
一	太	來	環	六	地	十	一	一
終	陽	用	五	生	二	鉅	地	析
無	昂	變	七	七	三	無	一	三
終	明	不	一	八	人	匱	二	極
一	人	動	妙	九	二	化	人	無

(좌측 세로: 一終無終 — 일 종 무 종)

직역 : 하나가 마치기를 무(無)로 마치게 되며

종말은 인류의 종말이 아니라, 거짓 세상의 종말(終末)이다.

마침내 이 현공(玄空)운행 의 긴 여정이 끝나가려 하고 있다. 이 제껏 거의 모든 천부경 해설자들이 일시무시일과 일종무종일이 한 짝임을 들어 천부경을 폐쇄적 순환 고리로 해석해왔다.

만일 그것이 사실이라면 이 세상의 시간이라는 개념은 그저 다 람쥐 쳇바퀴 돌듯 늘 원위치 되는 것일 수밖에 없는 지루하고 고 단한 것이 될 수밖에 없을 것이다. 그 뻔한 것을 설명하려고 하늘 이 이 글을 세상에 내어 인간들을 우롱하였겠는가? 당연히 그렇 지 않다.

변화 즉 진화(進化)가 바로 이 한 생명의 본질이며, 이제 이 세 상의 한 축이자, 가장 변화무쌍한 인간의 의식이 한 생명과 합일 (合一)하는 그 순간, 지금까지 우리가 기존에 알고 있던 이 세상이 라고 하는 현상계는 그 불편한 정체를 낱낱이 드러내고야 만다. 이 세상이 본질적으로는 "無"라고 하는 이름의 한 생명에 의해 비 롯되었을 뿐 아니라, 인간은 태초부터 이 한 생명과 분리된 적도 없고, 분리되지도 않는다는 것을 알게 될 때, 이 세상(一)은 바로 "無"와 동일한 용어가 되어버리는 것이다.

이때가 바로 이 현상계가 인간의 통찰적 의식의 깨달음과 완성을 위해 만들어지고 수행했던 모든 임무가 끝나는 순간이기도 하다.

이 현상계의 완성 즉 무(無)로의 복귀는 창조주인 無의 일부이며 삼극(三極)의 한 축이기도 한, 변화무쌍한 인간의 의식 속에서 완성되게 되어있을 뿐 아니라, 이후 드러날 새로운 세계의 시작을 준비하는 단계이기도 하다.

따라서 이 순환은 맨 처음에 시작된 그곳으로 돌아가는 폐쇄된 형태의 순환이 아니라, 이 모든 경험을 바탕으로 하여 "無"라는 이름의 한 생명이 그가 창조한 이 현상계의 완성과 더불어 더 높은 차원의 그 무엇으로 끊임없이 발전하는 나선 형구조의 순환이라고 해야 맞을 것이다.

처음 시작했던 바로 그 자리로 되돌아가는 일은 없다.

다시 돌아온 것 같지만, 그곳은 이미 과거에 지나간 그곳이 아니다.

말하자면, 일시무시일/ 일종무종일 이 아니라,

일시무시/ 일종무종, 그리고 새로운 일(一)인 것이다.

마지막 이 일(一)이야말로 이 책의 제목인 '새로운 하늘'이다.

세당(世堂)의 역

이 세상의 모든 것이 본질적 의미에서의 구분도 없고, 선과 악의 모순도 없고, 이상과 현실의 모순도 없는 세계이며, 완벽한 질서 속에 있다고 하는 사실을 인간의 의식 속에서 깨닫게 되는 것으로, 그전까지 알고 있었던 거짓 세상은 종말을 고하게 된다. 그리고……

15 지상천국(地上天國) : 초인(超人)들의 세상

새로운 하늘 이야기

초인(超人)들의 시대(時代)가 도래(到來)한다.

中	本	衍	運	三	三	一	盡	一
天	本	萬	三	大	天	三	本	始
地	心	往	四	三	二	一	天	無
一	本	萬	成	合	三	積	一	始
一	太	來	環	六	地	十	一	一
終	陽	用	五	生	二	鉅	地	析
無	昻	變	七	七	三	無	一	三
終	明	不	一	八	人	匱	二	極
一	人	動	妙	九	二	化	人	無

직역 : (새로운) 하나가 드러난다.

천국(天國)이란 무엇인가?

여기에서 하나는 맨 처음의 그 하나가 아니다. 맨 처음 일시무시로 시작된 창조에 대한 목적이자, 모든 것이 끝나고, 맨 마지막에 새롭게 드러나는, 새로 시작되는 하나로서, 맨 앞의 일과 완전히 다른 새로운 하나/세상이라는 뜻이다.

이것이 가리키는 세계란 역사상 어느 종교에서도 언급한 적이 없는, 완전히 새로운 인간 세상을 가리키는데, 깨달은 명인(明人)의 의식 속에서 새로이 인식되고 실천될 세상을 가리키는 말이며, 소위 지상천국을 말한다.

예수 또한 이 부분(지상천국)을 이렇게 말한다.

1 예수께서 가라사대, "너희의 지도자들이 '보라! 나라가 하늘에 있도다' 한다면, 하늘의 새들이 너희보다 먼저 이를 것이다. 2 그들이 또 너희에게, '나라는 바닷속에 있도다' 한다면, 물고기들이 너희보다 먼저 이를 것이다. 3 사실은 그렇지 않으니, 나라는 너희 안에 있고, 너희 밖에 있다. 4 너희가 너희 자신을 알 때, 그때는 아버지도 너희를 알게 될 것이다. - 도마복음 제3장

1. 제자들이 물었다, "언제 나라가 임하는 것입니까?" (예수께서 가라사대.) 〈중략〉 4. 사실은, 원래부터 아버지의 나라는 이 땅 위에 펼쳐져 있느니라. 단지 사람들이 그것을 보지 않을 뿐이니라." - 도마복음 제113장

여기서 제3절에 "나라는 너희 안에 있고, 너희 밖에 있다."라는 말은 곧 너희가 이미 나라 안에 들어앉아 있다는 말이다. 우리가 이미 하느님의 나라 안에 있다면 우리가 곧 나라 일부이므로 우리 안과 밖이 모두 그 나라에 속할 것이 아닌가? 3장 중에 특히 4절의 너희가 너희 자신을 알 때, 그때는 아버지도 너희를 알게 될 것이다. 라는 말은 진정 예수가 어떤 분인지를 한마디로 말해주는 수련자를 위한 절창(絶唱)이다.

인간이 자신의 내면에서 無/아버지를 깨달을 때, 무(無)/아버지도 인간을 인정하고 받아들인다는 뜻이 아닌가? 이 말은 결국 전적으로 인간에게 이 모든 임무가 맡겨져 있으며, 오직 깨달은 인간만이 우주의 본질을 경험한다는 말이다. 그야말로 하늘은 깨달은 사람을 돕는다. 예수는 이렇듯 천부경의 핵심을 몸소 체험하고 실천한 명인(明人)이었던 것이다.

이처럼 본성을 깨달은 자의 세상은 그 전과의 확연히 다른 것이다. 나무 한 그루, 풀 한 포기조차 예전과는 다르며, 그 모든 것이 명인의 깨달은 의식 속에서 이 세상은 곧 깨달은 나 자신의 일부임이 생생하게 느껴지므로, 아름답지 않은 것이 없고, 사랑스럽지 않은 것이 없다.

생사를 초월하며, 육신을 초월하여 진정한 영생의 의미를 알고, 이 세상과 하나 되어 생명 그 자신으로 살아가게 된다.

본성을 깨닫고 이렇게 세상을 살아가는 것이 바로 인간이 세상에 태어난 이유이자 단 하나의 목적이다.

초협력자(超協力者)들의 탄생(誕生)과 지상천국의 도래

'천부봉황개정도'의 의미는 한민족의 집단 무의식의 각성으로 초인과 초협력자들이 번영하게 되는 세상이 동북아에서 전개됨을 말하는 것이다.

진화(進化)는 이기적이고 비열한 자들을 처벌한다.

사람들은 곧잘 다윈의 진화론을 무시한다. 특히 종교인들이 그러하다. 그러나 필자가 보기에 진화론이 오히려 더 천부경의 진리에 근접하며, 시간이 지날수록 그 진정한 힘이 더 강하게 드러날 것이다.

진화론은 바로 일묘연과 용변부동본법에 바탕을 둔 진리이기 때문이다. 팥죽호랑이진도 바늘도둑 소도둑도 인간의 사랑도 일묘연을 벗어나지 못하거늘 진화론이 일묘연과 일치한다면 이것으로 만왕만래 하는 법이니, 결과적으로 진화론에 예외란 없다.

그래서 과학자들은 가끔 이 진화(進化)를 주어로 선택하여 사물의 운명을 서술하는 데 이용한다. 가령 진화가 무엇을 선택한다고 할 때, 그 대상은 번성하고 계승한다는 말이 되고, 진화가 선택하지 않는다. 또는 진화가 무엇을 처벌한다는 말은 목적대상이 미래에는 더는 대를 잇지 못한다.

즉 사멸된다, 멸종된다는 무서운 말이 된다.

공산주의를 소멸시킨 것은 자본주의가 아니라, 진화론이라는 것은 이제 상식이다. 정확하게 표현하면 '공산주의는 인간의 본능에 위배되기 때문에 진화의 선택을 받지 못한 것이다.'라는 말이 된다.

미국 미시간 주립대 연구팀이 '네이처 커뮤니케이션스'에 발표한 논문을 보도한 기사를 보면, 이기주의 전략이 단기적으로는 승리를 거두지만 이러한 승리는 오래 지속될 수 없으며, 장기적으로는 이들 역시 서로 협력하는 방향으로 진화해야만 살아남을 수 있다는 결론에 도달하고 있다.

이 논문의 목적은 게임이론 즉, '죄수의 딜레마' 게임에서 승리하는 방법을 가지고 인간이 배신하거나 협동하거나 둘 중 하나를 선택한 경우에 최종적으로 누가 유리할 것인지를 예측하는 것이다.

기존에는 이 "비열하고 이기적인(mean and selfish)" '제로 결정인자' 전략이 상대방과 협동하는 전략에 비해 유리한 결과를 낸다고 알려졌었지만, 슈퍼컴퓨터로 수십만 건의 게임을 시뮬레이션한 결과, 문제의 전략은 상대방도 같은 전략으로 나올 경우 서로에게

해를 끼치다 결국 멸종될 수밖에 없으므로, 나중에는 이들 역시 서로 협력하는 방향으로 진화해야만 살아남을 수 있다.는 것이다. 이기적 개체는 짧은 기간 특정그룹을 상대로 이득을 볼 수 있겠지만, 이기주의는 이런 이유로 더는 진화 할 수가 없다.

연구팀은 "게임 전략에 대한 기존 연구의 한계는 커뮤니케이션을 고려하지 않았다는 것"이라며 "소통은 협력의 핵심적 전제"라고 말하고 있다.

초협력자들은 본성을 깨달은 사람들이다.

인류는 과거 배반하고 협력하는 두 가지 전략을 선택하며 생존해 왔으며 20세기까지는 배반 쪽이 훨씬 자연법에 맞는 적자생존의 법칙으로 이해되었다. 이것이 과학적으로 옳지 않음을 밝혀낸 것은 21세기 정보화 사회로 본격적으로 접어든 최근의 일이다. 정보화 사회가 바로 소통의 사회 아닌가? 정보화 사회로 진입하면서 인류는 이제 어떤 방법으로든 소통을 막을 수 없음을 깨닫게되었다. 그제야 학자들도 이런 실험을 할 결심을 한 것이다.

사실 실험하는 사람은 실험 전에 가설로 이미 결과를 어느 정도 예측하며, 실험은 다만 가설을 객관적 데이터로 확인하는 것일 뿐이다.

그래서 이런 실험결과가 나왔다는 것은 이미 실험 전에 학자들의 생각이 먼저 바뀌어 있었다는 사실을 의미한다.

이 논문의 의의는 인류가 앞으로 비열한 사람들을 어찌 대할지에 대한 중요한 예시라고 보면 틀림이 없다.

현명한 사람들은 이런 기사를 보면 바로 세인트 어드바이스를 느낀다. 바야흐로 세상은 서서히 그러나 확실히 인간의 각성을 촉구하는 쪽으로 바뀌고 있다.

봉황개정의 시대의 도래

봉황개정의 시대가 열리기 시작한 2012년 이후부터는 모든 것이 이처럼 자명하게 밝혀질 것이며, 정치적인 이유에서 은폐되었거나 무지에 의해 드러나지 못했던 진실들이 이제는 숨기려야 숨길 수도 없이 도처에서 저절로 드러나 버리고 마는 것이다. 사람들이 무지에서 깨어나면 어둠은 저절로 물러나게 된다.

초협력자의 시대는 기성종교가 가지고 오는 것이 아니라, 깨친 사람들 사이에서 본성에서 저절로 드러나 커뮤니케이션 하는 것에서 오는 것이므로

어? 하는 사이에 걷잡을 수 없이 세상이 확 달라지고 마는 것이다.

초협력자는 때가 이른 것을 미리 알고, 스스로 자신의 역할을 알아서 찾는 사람들이다. 이들은 참으로 현자(賢者)들이며, 비열

한 방법을 구사할 줄 몰라서가 아니라 비열한 자들을 응징하면서도 본질적으로는 오직 서로 협력함으로 인류의 생존과 번영에 기여할 수 있음을 알고 이를 몸소 실천하는 정의롭고 따뜻한 사람들이다. 악(惡)한 자를 사회 전체가 나서서 징벌하기도 하고 선(善)한 자는 사회 전체가 나서서 돕는다. 정의가 강물처럼 흐르는 그때가 오면 원수는 원래 남이 대신 갚아준다는 진리를 명백히 깨닫게 되리라.

☞ 죄수의 딜레마 게임과 제로 결정인자 전략이란?

죄수의 딜레마 게임이란 공범 2명이 각기 독방에서 심문을 받는 상황을 전제로 한다. 나는 자백(배신)하고 상대는 묵비권을 행사(협동)하면 상대는 6개월 징역을 살고 나는 풀려난다. 둘 다 자백하면 함께 3개월 형을 산다. 둘 다 침묵하면 1개월 형을 받는다.

이 게임을 여러 차례 되풀이할 때 어떤 전략이 나에게 최선의 결과를 보장하는가? 하는 것을 알아보기 위해 고안된 것이고 성선설이 옳은가 성악설이 옳은가라는 논쟁의 단초가 되기도 하였다.

'제로 결정인자' 전략은 자신과 다른 전략을 구사하는 모든 상대방에게 최악의 결과를 안겨주는 것을 보장한다는 것이 특징인 배반의 전략이다.

이기적이고 비열하지만 20세기 내내, 죄수의 딜레마 게임에서 가장 유리한 전략으로 알려져 왔다가 이번 논문으로 판이 뒤집힌 것이다.

이로써 무명(無明)의 시대가 걷히고 초인들과 초협력자들로 이루어진 새로운 세상/지상천국이 시작되는 것이다.

인류는 결코 종의 소멸이라는 비극적 종말을 맞는 것이 아니다.
오히려 의식의 개화에 의한 구시대의 종말이 있을 뿐이다.
그리고는 완전히 새로운 세계가 도래하는 것이다.
오직 깨달은 사람들만이 누리고 공유하는 초인(超人)들의 세상이!

천부경
일모연도

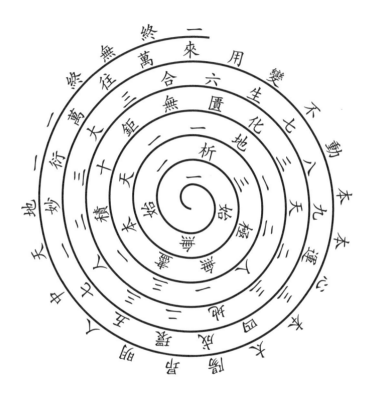

천부경(天符經) 일묘연도(一妙衍圖) – 박세당

천부경
전문정해

천부경(天符經) 전문정해(全文正解)

- 해설 박세당

천부경은 우주의 역사와 인간의 운명과 미래를 압축한 한편의 서사시다.

이 세상은 본질적 에너지이자 모든 것을 초월하는 하나의 전체의식인 무(無)로부터 비롯되었다. 그러므로 이 세상의 모든 존재는 생물이든 무생물이든 무한(無限)과 변화(變化)라는 두 가지 특성이 있다.

따라서 사람은 이를 좇아, 변화(새로움)와 깨달음(무한을 아는 지혜)이라는 두 가지 테마를 항상 의식하면서 살아가야 한다.

우주에는 지극함이 셋 있으니 하늘이 하나요 땅이 하나요 사람이 하나인데 이 셋은 서로 동등한 존재이다. 그러므로 사람은 곧 하늘이다.

하나가 쌓이면 열로 완성되며, 이는 틀 없이 무한한 하늘의 의식이 유한한 땅에 깃들어 열 달 만에 사람으로 태어나는 것을 이르는 것이니, 그러므로 사람의 몸속에 담긴 정보는 곧 이 우주의 역사요, 사람의 오욕칠정은 삶의 진화와 투쟁의 흔적이요, 문득 일어나는 공허함과 우울함은 본성(本性)인 무(無)가 보내는 각성(覺醒)의 시그널이다.

사람은 곧 제한된 육체에 하늘의 무한을 담고 있는 살아있는 모순(矛盾)이며 동시에 살아있는 기적(奇蹟)이다.

따라서 사람은 이로 인해 고통받고, 이로 인해 악(惡)해지고 이로인해 돌이키고 이로 인해 깨닫고, 결국은 몸과 마음의 무한 자유를 얻게 된다.

하늘과 사람과 땅은 각각 내면에 서로 반대하고 화합하는 상반된 두 가지 성질인 음양이 생겨 비로소 변화하며 운행하기 시작하고, 이것이 변화의 엔진이 되는 것이며, 해, 달, 별의 운행이 사계절과 1년

12달의 순환하는 시간을 만들어 운행한다.

이로부터 뭇별들의 질서와 뭇 환경들의 순환과 뭇사람들의 인생이 생겨나 복잡하고 크게 발전하여 오늘의 이 세상이 만들어지기에 이른 것이다.

이처럼 스스로 아상(我相)이 없는 큰 생명의 흐름인 일묘연(一妙衍)으로 모든 것이 태어나고 또 사라지기를 끝없이 반복한다. 이 흐름을 따르는 자는 깨달아 흐름과 하나가 되고, 역행(逆行)하는 자는 지워져서 이 우주에서 흔적도 없이 사라져 갈 것이다. 이것을 하늘의 정의(正義)라고 하며, 아무도 예외는 없다.

겉으로 나타나는 수없이 다양한 현상들은 모두 본성인 무(無)의 쓰임일 뿐, 무(無)라는 본질은 변할 수도 변하지도 않는 것이다. 그러므로 인간도 변화를 통한 새로움을 두려워하면 안 된다. 남들보다 먼저 이 흐름을 먼저 깨닫고 과감하게 새로움을 실천하는 자는 비록 처음에 괴로움을 맞본다 하더라도 하늘의 순리를 따르는 것이니, 처음의 그 초심(初心)을 잃지만 않는다면, 끝내 하늘과 함께 성공의 기쁨을 같이할 것이다.

인류의 역사는 항상 대의(大義)를 위해 자신의 몸을 던지는 사람들과 함께 발전하였는데, 이는 곧 본성(本性)인 무(無)가 대의(大義)와 함께하였기 때문이다.

사람 가운데 본심(本心)이, 본태양인 무(無)를 항심(恒心)으로 좇아, 이 모든 변화의 핵심을 깨달아 무한(無限)으로 살아가는 사람이 있으니, 그를 명인(明人)이라 한다.

때가 되면 명인의 깨달음으로 천지(天地)의 모순과 대립이 하나가 되고 이로 인하여 하늘의 법(法)이 있는 그대로 이 땅에서 온전히 실행될 것이다.

깨달음을 얻은 명인의 눈앞에서 낡은 모순의 세상은 사라지고, 새 하늘과 새 땅이 드러나리니, 이는 곧 생명을 깨달아 생명으로 생명을 살아가는 대자유의 삶이더라. 이후 이 땅의 무엇이든지 이 명인(明人)의 뜻을 거스르지 못할 것이다. 왜냐하면, 그가 바로 무(無)의 대리인(代理人)이기 때문이다.

이때가 이르면 초인(超人)들과 초협력자(超協力者)들이 세상에 가득하여 이 땅의 모든 종교적 문화적 정치적 갈등은 눈 녹듯 사라지고 무지함으로 인한 모순 또한 사라진 진정한 지상낙원이 임하리라.

탈고하며...

2004년 10월에 나는 한 선도수련단체의 요청으로 천부경 해설 강의를 위해 이 글을 준비하고 있었다. 당시만 해도 지금과 같은 완성도에는 크게 못 미치는 의식 때문에 겨우 뼈대만을 세우는 수준이었고, 그나마 큰 오역이 여러 군데에 있었다. 그때를 생각하면 지금도 얼굴이 화끈거린다.

그리고 상당한 세월이 흘렀다. 아상(我相)이 뭔지 그게 왜 치명적인지, 그리고 그것이 왜 모든 수수께끼를 푸는 열쇠가 되는지 알기 위해, 내 인생은 나도 모르는 힘에 이끌려, 스스로 폭풍 속으로 걸어 들어가 혹독한 단련을 되풀이해야 했다. 돌이켜보면 가진 것이라곤 순전히 호기심뿐인 한 인간에게 한 생명이 무엇인지, 인간이 무엇인지, 세상이 무엇인지, 결말은 무엇인지를 가르치기 위한 흐름(일묘연)은 사람들의 존경을 받으며 명예롭게 살고 싶다는 본인의 세속적인 의지와는 대부분 대척점에 서 있었다. 앞으로도 쭉 그럴 것 같은 불길한(?) 예감이 확신으로 바뀌어 가는 밤에……

이 책을, 탈고 직전에 돌아가신 선고(先考) 박태환 님께 바칩니다.

님은 살아서 지난 50여 년간을 이 철없는 아들의 아버지이자 친구로서 날카로운 비판과 헌신으로 아버지의 정을 아낌없이 나누어 주셨고, 저세상에서는 언어학습의 새로운 신(神), 빙빙 할아버지가 되어 어학을 공부하는 모든 이들을 이끌어 주시고 계십니다.
서울대 언어학과를 졸업하셨고 독학으로 3개 국어에 능통하셨고, 특히 중국어는 79세에 왕초보에서 하루 세 시간 반씩, 단 10주간의 열심히 공부만으로 어린 대학생들도 힘든 신 HSK 5급에 당당히 합격하시고, 그해 초가을에 치러진 중국어 교사시험에 합격하시는 기적을 이루셨습니다. 전 세계를 통틀어 누구도 님보다 더 이른 나이에 이 힘든 길을 이토록 단숨에 돌파하신 분이 없습니다. 님은 이 모든 과정을 한국인이면 누구나 할 수 있음을 보이기 위해 몸소 실천하신 것입니다. (이 놀라운 스토리는 주간동아 홈페이지에서 '박태환 신 HSK 5급'을 치시면 인터뷰 기사전문을 볼 수 있습니다.)

새하늘 이야기

초판 1쇄 인쇄 2016년 3월 15일
초판 1쇄 발행 2016년 3월 28일

지은이   박세당
펴낸이   임충배
디자인   콩미디어
제작   (주)피앤엠123
펴낸곳   도서출판 삼육오 (PUB.365)

출판신고 2014년 4월 3일
등록번호 제406-2014-000035호

경기도 파주시 산남로 183-25
TEL (031)946-3196 FAX (031)946-3171
홈페이지 www.pub365.co.kr

ISBN 979-11-86533-20-8 03140
Copyright©2016 by PUB.365, All rights reserved.

이 도서의 국립중앙도서관 출판예정도서목록(CIP)은 서지정보유통지원시스템 홈페이지(http://
seoji.nl.go.kr)와 국가자료공동목록시스템(http://www.nl.go.kr/kolisnet)에서 이용하실 수
있습니다. (CIP제어번호: CIP2016004423)